Inhaltsverzeichnis

Lerneinheit 1: Alternative Schreibformen

Autorin: Jutta Gerhardt

A Vorwissen und Voreinstellungen aktivieren

Die Lernspirale LS 01 greift Vorerfahrungen der Schüler mit Formen schriftlichen Sprachgebrauchs auf. Die Schüler sollen zum Nachdenken über verschiedenen Formen des Schreibens angeregt werden und Vorkenntnisse nach Verschriftlichung vortragen. Die Lernspirale gliedert sich in mehrere Arbeitsschritte der Schüler. Die betreffenden Arbeitsabläufe werden hier kurz beschrieben. Detaillierte Ausführungen dazu finden sich auf den nachfolgenden Seiten.

B Neue Kenntnisse und Verfahrensweisen erarbeiten

In den Lernspiralen LS 02 bis LS 06 setzen sich die Schüler mit verschiedenen Formen schriftlichen Sprachgebrauchs durch vielfältige Arbeit auseinander. Dabei üben sie folgende Fähigkeiten und Fertigkeiten: Leseverständnis, Kommunikation, Kooperation, Konstruktion, Produktion, Visualisierung und Präsentation.

Herausgeber

Wolfram **Karg** ist Leiter einer Sonderschule in Baden-Württemberg und unterrichtet Deutsch und Sachunterricht. Er ist als Trainer in der Erwachsenenbildung mit den Schwerkpunkten Kommunikation, Kooperative Beratung und pädagogische Schulentwicklung tätig.

Autorin

Jutta **Gerhardt** ist Leiterin einer Grundschule in Rheinland-Pfalz. Sie unterrichtet die Fächer Deutsch, Sachkunde und Mathematik.

C Komplexere Anwendungs- und Transferaufgaben

Die Lernspirale LS 07 zeichnet sich dadurch aus, dass die Schüler die erworbenen Fähigkeiten und Fertigkeiten und ihr Methodenwissen unter Beweis stellen können.

LS 07 **Eine Fantasiegeschichte zu einer Bildvorlage schreiben** *(Seite 32)*
▶ Fantasiereise ▶ Schreibideen sammeln ▶ Austausch in Zufallsgruppen ▶ Stichpunktsammlung ▶ passende Überschrift finden ▶ Austausch mit Zufallspartner ▶ Schreiben einer Fantasiegeschichte

Hinweis zum Zeitansatz

Eine Lernspirale ist für 50 (100) Minuten konzipiert. In der Regel sollte nicht die volle Unterrichtszeit verplant, sondern pro Lernspirale ein Zeitpuffer von 5 bis 10 Minuten einkalkuliert werden (um aufzuräumen, organisatorische Alltagsgeschäfte zu erledigen oder Schülern ein Feedback zu geben).

Je nach Größe und Leistungsstärke der Lerngruppe muss der Zeitansatz, der im Stundenraster für jede Unterrichtsphase ausgewiesen ist, entsprechend angepasst werden.

Lerneinheit 2: Texte erschließen

Autorin: Jutta Gerhardt

A Vorwissen und Voreinstellungen aktivieren

Die Lernspirale LS 01 greift Vorerfahrungen der Schüler im Lesen und zur Informationsentnahme aus einem Text auf. Die Schüler sollen mit Hilfe des Textes eine Vorlage richtig anmalen und unter vorgegebenen Aussagen richtige und falsche erkennen und entsprechend kennzeichnen. Anschließend sollen sie eigene Multiple-Choice-Aussagen entwerfen. Die Lernspirale gliedert sich in mehrere Arbeitsschritte der Schüler. Die betreffenden Arbeitsabläufe werden hier kurz beschrieben. Detaillierte Ausführungen dazu finden sich auf den nachfolgenden Seiten.

LS 01 **Multiple-Choice-Aussagen ankreuzen und entwerfen** *(Seite 36)*
▶ Lesen des Textes „Gepard und Leopard" und Klären unbekannter Wörter ▶ Anmalen des Leoparden laut Textinformation ▶ Kennzeichnen richtiger Aussagen zum Text ▶ Kontrolle der Ergebnisse mit einem Zufallspartner ▶ Eigene Multiple-Choice-Aussagen zu gelostem Tier entwerfen ▶ Austausch der entworfenen Aussagen untereinander

B Neue Kenntnisse und Verfahrensweisen erarbeiten

In den Lernspiralen LS 02 bis LS 07 setzen sich die Schlüler mit verschiedenen Textvorlagen durch vielfältige Arbeit auseinander. Dabei üben sie folgende Fähigkeiten und Fertigkeiten: Leseverständnis, Kommunikation, Kooperation, Konstruktion, Produktion, Visualisierung und Präsentation.

LS 02 **Fragen zu einem Text beantworten** *(Seite 41)*
▶ Lesen des Textes „Das Sonnenland" und Klären unbekannter Wörter ▶ Anmalen der Flagge laut Textinformation ▶ Beantwortung vorgegebener Fragen ▶ Kontrolle in Gruppen ▶ Erstellen eigener Fragen zum Text

LS 03 **Fragen zu einem Text erstellen** *(Seite 45)*
▶ Lesen des Textes und Klären unbekannter Wörter ▶ Erstellen von Fragen zum Text ▶ Unterstreichen der entsprechenden Antworten im Text ▶ Gegenseitige Fragestellung in Gruppen

LS 04 **Fehler in einem Text finden und korrigieren** *(Seite 49)*
▶ Lesen des Textes und Markieren von Wörtern, die keinen Sinn ergeben ▶ Vergleich ▶ Ersetzen der markierten Wörter ▶ Vorstellung der korrigierten Texte ▶ Erstellen eines eigenen Textes mit Wörtern, die keinen Sinn ergeben ▶ Austausch

LS 05 **Einen Text gliedern** *(Seite 53)*
▶ Lesen des Textes und Textabschnitte in eine sinnvolle Reihenfolge bringen ▶ Zuordnung passender Überschriften ▶ Kontrolle ▶ Überschriften und Inhalte der entsprechenden Textabschnitte in Stickpunkten zu Bildern schreiben ▶ Vergleich ▶ Möglichkeiten einer sinnvollen Textgliederung notieren ▶ Vorstellung

Abkürzungen und Siglen

LS = Lernspirale
LV = Lehrervortrag
EA = Einzelarbeit
PA = Partnerarbeit
GA = Gruppenarbeit
PL = Plenum
HA = Hausarbeit/Hausaufgabe
M = Material
A = Aufgabe
L = Lehrerin oder Lehrer
S = Schülerinnen und Schüler

In den Erläuterungen zur Lernspirale wird für Lehrerinnen und Lehrer bzw. für Schülerinnen und Schüler ausschließlich die männliche Form verwendet. Dabei ist die weibliche Form stets mitgemeint.

Beispiel zum Aufbau der Lernspiralen

LS 01.M2 – Verweis auf die Lernspirale und das Material

A3 – Verweis auf die Aufgabe in der Kopiervorlage

		Zeit	Lernaktivitäten	Material	Kompetenzen
1	EA	10′	S füllen einen Steckbrief aus.	M1.A1	– Stichpunkte machen – Fragen in vollständigen Sätzen beantworten – Aussagen über die eigene Person formulieren
2	PL/PA	5′	S führen beim Spiel *music stop* Kennenlerndialoge und benutzen dabei zunächst Fragekärtchen als Hilfestellung.	M1.A2, M2	
3	PL/PA	5′	S setzen das Spiel ohne Fragekärtchen fort.		
4	EA	5′	S bereiten einen Kurzvortrag über sich vor.	M1.A3	
5	GA	15′	Simultanpräsentation: S stellen sich in Gruppen vor.		
6	PL	5′	Zwei S stellen sich vor der Klasse vor.		

Arbeitsschritte – Unterschiedliche Sozialformen – Hinweise zum Zeitbedarf – Vielfältige Lernaktivitäten und Methodenanwendungen der Schüler – Verweis auf das Material und die Aufgaben in den Kopiervorlagen – Kompetenzen, die die Schüler erwerben können

Verschiedene Schreibformen beschreiben

		Zeit	Lernaktivitäten	Material	Kompetenzen
1	PL	5′	S betrachten Bild auf dem Arbeitsblatt und erzählen, was ihnen spontan dazu einfällt.	M1.A1	– eigene Gedanken zu Texten entwickeln und mit anderen über Texte sprechen – Schreibabsicht klären – artikuliert und verständlich reden – Stichwörter sammeln – auf Gesprächsbeiträge anderer eingehen – gezielt nachfragen – Lernergebnisse präsentieren
2	EA	5′	Jeder S lost eine Schreibform. Dazu notiert er drei Merkmale.	M1.A2 M2	
3	PA	5′	S einigen sich mit Zufallspartner auf zwei wichtige Merkmale und schreiben sie auf eine Karteikarte.	M1.A3 Karteikarten	
4	GA	5′	S mit gleichen Schreibformen (max. fünf S) einigen sich auf drei wichtige Merkmale. Sie halten diese schriftlich fest.	M1.A4 Präsenta-tions- und Karteikarten	
5	PA	5′	S üben in Tandems die Präsentation.	M1.A5 Karteikarten	
6	PL	15′	Ausgeloste S präsentieren die aufgelisteten Merkmale verschiedener Schreibformen und beantworten eventuelle Nachfragen.	M1.A6 Magnete und Präsenta-tionskarten	
7	EA	10′	S übertragen die Präsentationsergebnisse in ihr Heft.	M1.A7 Hefte	

Erläuterungen zur Lernspirale

✓ **Merkposten**

zur Vorbereitung

▶ **Losgegenstände**
M2

▶ **Präsentation**
Tandem (siehe Glossar im Internet)

Als Präsentationsmaterial eignet sich farbiger folierter DIN-A4-Karton, der mit wasserlöslichen Markern beschrieben wird.

Mit Magneten kann er zur Präsentation an der Tafel befestigt werden.

Ziel der Stunde ist es, dass die Schüler Merkmale unterschiedlicher Schreibformen sammeln und vortragen.

Zum Ablauf im Einzelnen:

1. Arbeitsschritt: Das Bild auf dem Arbeitsblatt dient als stummer Impuls. Es soll die Schüler zu spontanen Äußerungen anregen. Dadurch erhalten auch schwächere Kinder Denkanstöße. – Alternativ kann das Bild als Einstieg auch vergrößert auf Folie gezogen werden. M2 für 2. Arbeitsschritt je nach Schülerzahl auf drei bzw. vier verschiedenfarbige Blätter kopieren. Schüler mit Loskärtchen gleicher Aufsatzform und gleicher Farbe treffen sich als Zufallspartner. Die Symbole unten rechts auf den Loskärtchen dienen der Einteilung der Zufallsgruppen in Arbeitsschritt 3.

2. Arbeitsschritt: Jeder Schüler überlegt sich zu der gelosten Schreibform drei Merkmale und schreibt diese auf sein Arbeitsblatt.

Durch die Zulosung der Schreibformen wird gewährleistet, dass am Ende der Stunde zu allen Formen Merkmale vorgetragen werden. – Die Loskärtchen müssen hierfür vorbereitet werden.

3. Arbeitsschritt: Beim Austausch mit einem Zufallspartner über die gefundenen Merkmale einer Schreibform erhalten schwächere Schüler neue Denkanstöße, und stilleren Schülern fällt es meist in einer Kleingruppe leichter, eigene Ergebnisse darzustellen. Die Zuteilung der Partner erfolgt durch die Symbole am unteren Rand der Loskarten aus Arbeitsschritt 2. – Die Zufallspartner einigen sich jeweils auf zwei wichtige Merkmale ihrer Schreibform und notieren diese auf einer Karteikarte.

4. Arbeitsschritt: Die Schüler treffen sich nun in sogenannten Stammgruppen. Das sind jeweils alle Schüler, die sich Merkmale für die gleiche Schreibform notiert haben. Sie einigen sich nach einem Austausch auf drei wichtige Merkmale. Diese schreibt jeder Schüler der Gruppe für die anschließende Gardinenpredigt auf eine Karteikarte. Außerdem werden sie für die Präsentation im Arbeitsschritt 6 mit einem dicken Marker auf eine Präsentationkarte geschrieben.

5. Arbeitsschritt: Zur Vorbereitung auf die Präsentation im Plenum üben die Schüler diese nun in Form einer Gardinenpredigt (siehe Glossar im Anhang). Diese eignet sich wegen des geringen Geräuschspegels besonders in einer großen Klasse. Bei kleinerer Klassenstärke können die Schüler alternativ ihre Präsentation auch mit einem selbst gewählten oder zugeordneten Partner üben. M2 unten als Vorbereitung für Arbeitsschritt 6 für jede Gruppe kopieren. – Schüler mit dem Loskärtchen „Experte" präsentiert die Ergebnisse der Gruppe.

6. Arbeitsschritt: Die „Experten" stellen ihre Ergebnisse ihren Mitschülern in Form einer Präsentation vor. Nach der Präsentation beantworten sie eventuelle Nachfragen. Zum Auslosen des vortragenden Experten und dessen Helfer werden die Loskärtchen auf der Vorlage M2 unten verwendet.

7. Arbeitsschritt: Die Schüler übertragen die Präsentationsergebnisse in ihr Heft.

1 Verschiedene Schreibformen

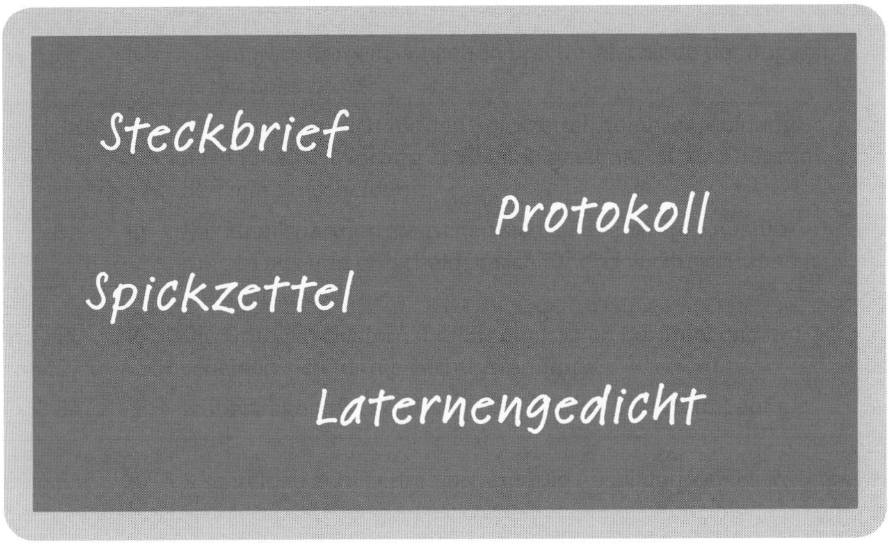

A1 Welche Fragen gehen dem Jungen wohl durch den Kopf?

A2 Welche Merkmale fallen dir zu der ausgelosten Schreibform ein?
Schreibe sie auf.

A3 Einige dich mit einem Zufallspartner auf zwei gemeinsame Merkmale.
Schreibt sie auf eine Karteikarte.

A4 Einigt euch in der Stammgruppe auf drei gemeinsame Merkmale.
Schreibt sie jeweils auf Karteikarten und auf eine Präsentationskarte.

Protokoll

Ausflug der Klasse 1 der GS Sonne
21. 5. 2008
Beginn: 8 Uhr

Teilnehmer: Frau Mustermann – Klassenlehrerin
Kinder und Eltern der Klasse 1

- Treffen der Teilnehmer vor der Schulturnhalle
- Wanderung an den Sonnenbach
  - Dauer: 1,5 Stunden
  - Tanja Meister fiel über eine Baumwurzel und musste mit ihren Eltern den Ausflug abbrechen
- Picknick am Wanderhäuschen
- Durchführung einer Waldrallye
  - Gewinner: Susi Müller und Toni Maier
- Grillen bei der Wanderhütte
- Wanderung zurück zur Schule
- Eisspende an alle Teilnehmer vom Förderverein der Schule

Ende: 16 Uhr

Steckbrief

Gattung: Baum
Art: Laubbaum
Name: Rotbuche
Alter: 300 Jahre
Größe: 40 m
Stamm: gerade
Krone: breit, kuppelförmig
Rinde: glatt, grau
Blätter: eiförmig, gezähnt
Früchte: Bucheckern

Laternengedicht

Test
Mathe
Versagen
Schlechte Note
Angst!

Spickzettel

Wasserkreislauf

Wasser → Wärme →
Verdunstung → Wasserdampf →
Abkühlung → Wassertropfen →
Wolken → Regen

A5 Übt mit Hilfe der Karteikarten euren Vortrag vor der Klasse.

A6 Präsentiert eure Ergebnisse vor der Klasse.

A7 Schreibe die Merkmale der verschiedenen Schreibformen in dein Heft.

Loskärtchen

Steckbrief ♡	**Steckbrief**
Spickzettel △	**Spickzettel** ☺
Protokoll ◎	**Protokoll**
Laternengedicht ☾	**Laternengedicht** ☼

Expertenhelfer	**Expertenhelfer**
Expertenhelfer	**Expertenhelfer**
☺ **Experte**	

Schreibtipps für einen Steckbrief erstellen

		Zeit	Lernaktivitäten	Material	Kompetenzen
1	EA	10′	S lesen vorgegebenen Text, klären unbekannte Wörter und markieren alle wichtigen Informationen.	M1.A1, A2 M2	– altersgemäße Texte sinnverstehend lesen – gezielt Informationen suchen – Lernergebnisse geordnet festhalten – Arbeitstechniken nutzen – gezielt nachfragen – Ideen sammeln – Lernergebnisse präsentieren
2	GA	10′	S diskutieren in Zufallsgruppen ihre Markierungen. Gegebenenfalls werden diese ergänzt bzw. gekürzt.	M1.A3	
3	EA	10′	Mit Hilfe der Oberbegriffe auf dem Arbeitsblatt und der Markierungen erstellt jeder S einen Steckbrief.	M1.A4	
4	PL	15′	Angefertigte Steckbriefe werden im Sitzkreis ausgelegt. S loben gute Darstellungen und geben konstruktive Verbesserungsvorschläge.	M1.A5	
5	GA	15′	S notieren in Zufallsgruppen wichtige Schreibtipps für einen Arbeitsschritt zur Erstellung eines Steckbriefs.	M1.A6, M3, Päsentations-karten	
6	PL	10′	S präsentieren ihre Ergebnisse und bringen Arbeitsschritte in eine sinnvolle Reihenfolge.	M1.A7	
7	EA	10′	S übertragen das Präsentationsergebnis auf ein Blatt.	M1.A8, M4	
8	EA	20′	Jeder S schreibt mit Hilfe der Schreibtipps einen Steckbrief zum Teichfrosch.	M1.A9	

Erläuterungen zur Lernspirale

✓ Merkposten

zur Vorbereitung

▶ Kontrollblatt

M2

Die Lösung kann für alle einmal in Großformat kopiert zur Einsichtnahme ausgehängt werden.

▶ Loskarten

M3

Die Loskarten müssen der Schülerzahl entsprechend mehrfach kopiert werden.

Für die anschließende Sammlung der Ergebnisse und Ordnung der Arbeitsschritte im Plenum eignet sich eine jeweils vergrößerte Kopie der Loskarten.

▶ Arbeitsblatt

M4

Arbeitsblatt in entsprechender Anzahl kopieren.

Ziel der Doppelstunde ist es, dass die Schüler wichtige Tipps zum Erstellen eines Steckbriefs sammeln und notieren.

Zum Ablauf im Einzelnen:

1. Arbeitsschritt: Jeder Schüler liest den vorgegebenen Sachtext genau durch und klärt unbekannte Wörter. Danach markiert er im Text wichtige Informationen zum Maulwurf. Sollten die Schüler keine Übung im Textmarkieren haben, sollten im Vorfeld einige Markierungsregeln besprochen werden.

2. Arbeitsschritt: In Zufallsgruppen – zur Bildung eignet sich das Durchzählen – ergänzen die Schüler in der sogenannten Nachhilfephase fehlende bzw. streichen überflüssige Markierungen. M2 kann den Schülern danach zur Selbstkontrolle angeboten werden.

3. Arbeitsschritt: Jeder Schüler erstellt mit Hilfe der Oberbegriffe und der gefundenen Informationen einen Steckbrief.

4. Arbeitsschritt: Die Schüler geben beim Vergleich der Steckbriefe Rückmeldung über gut gelungene Darstellungen und schlagen Verbesserungsmöglichkeiten vor.

5. Arbeitsschritt: Mit Hilfe der Rückmeldungen schreiben die Schüler nun in Zufallsgruppen wichtige Schreibtipps zu dem gelosten Arbeitsschritt auf eine Präsentationskarte. – Die Gruppenbildung erfolgt durch Losen eines Arbeitsschritts. Als Präsentationskarte eignet sich farbiger Karton, der mit wasserlöslichen Markern beschrieben wird. So können die Karten für spätere Präsentationen wiederverwendet werden.

6. Arbeitsschritt: Die Gruppen präsentieren ihre Ergebnisse, und die Schüler bringen die Arbeitsschritte in eine sinnvolle Reihenfolge.

7. Arbeitsschritt: Die Schüler übertragen die Schreibtipps auf ein Blatt. So stehen sie ihnen jederzeit zur Verfügung. – Hierfür kann M3 für jeden Schüler oder alternativ nur für schwache Schüler kopiert werden.

8. Arbeitsschritt: Jeder Schüler schreibt mit Hilfe der Schreibtipps einen Steckbrief zum Teichfrosch. – Die Schreibtipps können bei einer anschließenden Lernzielkontrolle auch als Bewertungsrichtlinie verwendet werden.

2 Gut informiert – der Steckbrief

A1 Lies den Text genau durch, und kläre unbekannte Wörter.

Der Maulwurf

Der Maulwurf ist ein Säugetier und wird drei bis vier Jahre alt.

Das ausgewachsene Tier wird bis zu 17 cm lang und 80 g schwer.

Der Maulwurf ist ein Einzelgänger, den man nur selten zu sehen bekommt, denn er lebt ohne Licht unter der Erde. Dafür ist er bestens ausgestattet. Sein Körper hat die Form einer Walze und ist mit einem kurzen, glänzend schwarzen Fell bedeckt.

An seinem spitzen Kopf hat er eine rüsselförmige Schnauze. Damit kann er besonders gut riechen. Seine winzigen Augen sind völlig im Fell versteckt, und seine Ohren sind nicht sichtbar.

Mit den Krallen seiner auffällig breiten schaufelförmigen Hände gräbt er sich durch das Erdreich. Dabei entstehen unterirdische Röhrengänge. Die aufgewühlte Erde stößt er nach oben weg, und es bilden sich die Maulwurfshügel.

Der Maulwurf ist ein Vielfraß. Er frisst täglich 80 bis 100 Gramm. Seine Nahrung besteht aus Mäusen, Fröschen, Käfern, Regenwürmern und sonstigen Kriechtieren.

Im Frühling baut sich das Maulwurfsweibchen ein Nest aus Gras und Blättern, den sogenannten Kobel. Im Mai bringt es dort zwei bis fünf nackte und blinde Junge zur Welt. Nach zwei Wochen sind sie dann dünn behaart, und nach fünf Wochen verlassen sie das Nest.

Zu den Feinden des Maulwurfs gehören Krähen, Störche, Katzen, Bussarde und Marder.

Folgende Oberbegriffe können dir helfen:

- Klasse
- Name
- Alter
- Größe
- Gewicht
- Lebensraum
- Körperform
- Nahrung
- Fortpflanzung
- Feinde

Markiere keine ganzen Sätze, sondern nur einzelne Wörter.

A2 Markiere im Text alle wichtigen Informationen zum Maulwurf.

A3 Tauscht euch über eure Markierungen in der Gruppe aus.

A4 Schreibe nun einen Steckbrief zum Maulwurf auf ein Blatt. Nutze hierfür deine Markierungen.

A5 Vergleicht eure Steckbriefe.

A6 Notiert euch zu dem gelosten Arbeitsschritt wichtige Schreibtipps.

A7 Bringt die Schreibtipps in eine sinnvolle Reihenfolge.

A8 Übertrage die Schreibtipps der Präsentation auf ein Blatt.

A9 Entnimm dem folgenden Text und den Bildern möglichst viele Informationen. Schreibe damit einen Steckbrief auf ein Blatt.

Überlegt euch genau, was ihr alles machen müsst, bevor ihr einen Steckbrief schreiben könnt.

Verwende hierfür deine Schreibtipps.

Der Teichfrosch

Der Teichfrosch gehört zu den Lurchen. Das sind Tiere, die sowohl im Wasser als auch an Land leben können.
Der Frosch kann bis zu 14 Jahre alt und etwa sieben Gramm schwer werden. Das Weibchen erreicht eine Größe von elf Zentimetern, das Männchen nur neun Zentimeter.
Der Teichfrosch lebt in Tümpeln, Teichen oder Bächen und ist für das Leben im Wasser und an Land bestens ausgestattet. Mit seinen langen kräftigen Hinterbeinen kann er sowohl sehr weit springen als auch schnell schwimmen.
Während der Paarungszeit von Mitte April bis Juni quakt das Männchen, um die Weibchen anzulocken. Die Laute produziert er beim Aufblasen seiner Schallblasen, die seitlich an seinem Maul sitzen.
1000 bis 6000 Eier legt das Weibchen und heftet diese an Wasserpflanzen an. Daraus schlüpfen die Kaulquappen, die sich in etwa vier Monaten zu kleinen Fröschen entwickeln.
Wenn es kalt wird, hält der Frosch, eingebuddelt in Schlamm, seinen Winterschlaf.
Die Nahrung des Teichfrosches besteht hauptsächlich aus Insekten, die er mit seiner langen klebrigen Zunge fängt.

Lösung zu Aufgabe 1

Nach Vergrößerung kann die Kopie den Schülern nach der Arbeit in Zufallsgruppen zur Selbstkontrolle angeboten werden.

Der Maulwurf

Der Maulwurf ist ein Säugetier und wird drei bis vier Jahre alt.

Das ausgewachsene Tier wird bis zu 17 cm lang und 80 g schwer.

Der Maulwurf ist ein Einzelgänger, den man nur selten zu sehen bekommt, denn er lebt ohne Licht unter der Erde. Dafür ist er bestens ausgestattet. Sein Körper hat die Form einer Walze und ist mit einem kurzen, glänzend schwarzen Fell bedeckt.

An seinem spitzen Kopf hat er eine rüsselförmige Schnauze. Damit kann er besonders gut riechen. Seine winzigen Augen sind völlig im Fell versteckt, und seine Ohren sind nicht sichtbar.

Mit den Krallen seiner auffällig breiten schaufelförmigen Hände gräbt er sich durch das Erdreich. Dabei entstehen unterirdische Röhrengänge. Die aufgewühlte Erde stößt er nach oben weg, und es bilden sich die Maulwurfshügel.

Der Maulwurf ist ein Vielfraß. Er frisst täglich 80 bis 100 Gramm. Seine Nahrung besteht aus Mäusen, Fröschen, Käfern, Regenwürmern und sonstigen Kriechtieren.

Im Frühling baut sich das Maulwurfsweibchen ein Nest aus Gras und Blättern, den sogenannten Kobel. Im Mai bringt es dort zwei bis fünf nackte und blinde Junge zur Welt. Nach zwei Wochen sind sie dann dünn behaart, und nach fünf Wochen verlassen sie das Nest.

Zu den Feinden des Maulwurfs gehören Krähen, Störche, Katzen, Bussarde und Marder.

Loskarten zu Arbeitsschritt 5

LS 02.M3

Lesen	**Oberbegriffe finden**
Informationssammlung	**Darstellung**

Tipps zum Schreiben eines Steckbriefs

1. Lesen

2. Informationssammlung

3. Oberbegriffe finden

4. Darstellung

Schreibtipps zur Gestaltung eines Spickzettels erstellen

		Zeit	Lernaktivitäten	Material	Kompetenzen
1	PL	10′	S sammeln Gemeinsamkeiten und Unterschiede der abgebildeten Spickzettel.	M1.A1	- Inhalte zuhörend verstehen - Spickzettel anlegen - gezielt nachfragen - Gehörtes wiedergeben - verständlich vortragen - konstruktives Feedback geben - Lernergebnisse geordnet festhalten - Lernergebnisse präsentieren
2	EA	5′	S entscheiden sich für den Spickzettel, der ihrer Meinung nach für einen Vortrag am besten geeignet ist, und begründen ihre Entscheidung.	M1.A2	
3	GA	10′	Mit Zufallspartnern tauschen sich die S über ihre Ausführungen aus und entscheiden sich für drei wichtige Tipps für einen Spickzettel.	M1.A3, Clusterkarten	
4	PL	10′	Die Gruppen clustern ihre Ergebnisse an der Tafel und entscheiden sich für die wichtigsten Tipps.	M1.A4, Magnete	
5	EA	5′	S übertragen die Schreibtipps für einen Spickzettel auf ein Blatt.	M1.A5, Arbeitsblatt	
6	EA	20′	S schreiben zum Lehrervortrag „Die Ausbildung eines Ritters im Mittelalter" einen Spickzettel.	M2 M1.A6	
7	PA	20′	S üben in Tandems mit Hilfe ihres Spickzettels einen Vortrag.	M1.A7 M3	
8	EA	20′	S halten in Zufallsgruppen mit Hilfe ihres Spickzettels einen Vortrag, der von den Mitschülern bewertet wird.	M1.A8	

Erläuterungen zur Lernspirale

Ziel der Doppelstunde ist es, dass die Schüler nach der Erarbeitung von Schreibtipps für einen Spickzettel einen persönlichen Spickzettel zu einem Lehrervortrag anfertigen, mit dessen Hilfe sie anschließend einen Vortrag halten können.

Zum Ablauf im Einzelnen:

1. Arbeitsschritt: Die Schüler sammeln als Vorbereitung für die Entscheidung in Arbeitsschritt 2 im Plenum Gemeinsamkeiten und Unterschiede der abgebildeten Spickzettel.

2. Arbeitsschritt: Jeder Schüler entscheidet sich nun für einen Spickzettel, der seiner Meinung nach für einen Vortrag am besten geeignet ist und schreibt eine Begründung für seine Entscheidung auf.

3. Arbeitsschritt: In Zufallsgruppen, welche durch Los oder Auszählen gebildet werden können, tauschen sich die Schüler über ihre Auswahl mit Begründung aus. Danach entscheiden sie sich für drei wichtige Schreibtipps für einen Spickzettel, welche sie auf eine Präsentationskarte schreiben.

4. Arbeitsschritt: Die Gruppenergebnisse werden an der Tafel geclustert, wobei darauf geachtet werden sollte, dass ähnliche Tipps beieinander hängen. Gemeinsam entscheiden sich die Schüler für die wichtigsten Schreibtipps.

5. Arbeitsschritt: Die Schüler übertragen die Schreibtipps auf ein Blatt. So stehen sie ihnen jederzeit zur Verfügung.

6. Arbeitsschritt: Mit Hilfe der Schreibtipps schreiben die Schüler einen Spickzettel zum Lehrervortrag „Die Ausbildung eines Ritters im Mittelalter".

7. Arbeitsschritt: Jeder Schüler übt mit seinem Spickzettel einen Vortrag. Hierfür eignet sich das Üben mit einem Partner.

8. Arbeitsschritt: Mit Hilfe ihres persönlichen Spickzettels halten die Schüler im Plenum einen Vortrag über die Ausbildung des Ritters. Die Vorträge werden von den Mitschülern mit Hilfe der Lehrervorlage M3 bewertet. So erhält der Vortragende eine Rückmeldung, ob er alle Tipps beachtet hat und wie er sich beim Vortragen verhalten hat.

Hinweise zur Weiterarbeit:

- Jeder Schüler schreibt seine eigenen Empfindungen während des Vortragens auf.
- Im Plenum berichten die Schüler über die Bewertungen und die eigenen Gefühle. Hier könnte sich die Erarbeitung einiger Tipps zum Halten eines Vortrags anschließen.

✓ Merkposten

zur Vorbereitung

▶ Sachtexte

Vorlage M2

▶ Lose

Als Loskärtchen für Zufallspartner eignen sich auch Spielkarten.

▶ Bewertung Vortrag

M3 in entsprechender Anzahl kopieren.

3 Spickzettel erwünscht

A1 Suche nach Gemeinsamkeiten und Unterschieden der folgenden drei Spickzettel.

Spickzettel 1

Teile einer Burg im Mittelalter

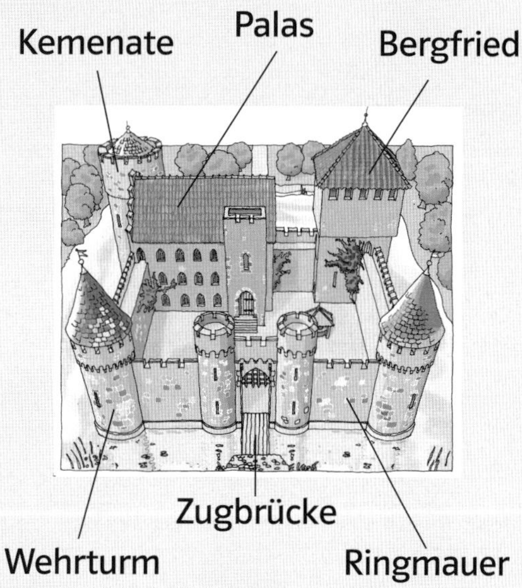

Spickzettel 2

Teile einer Burg im Mittelalter

Ringmauer → Schutz
Zugbrücke → Schutz
Wehrtürme → Verteidigung
Pechnasen → Verteidigung
Bergfried → Zuflucht bei Angriff
Palas → Wohnung Burgherr
Kemenate → Zimmer Burgherrin
Kapelle → Gottesdienst
Ställe → Pferde
Vorratshäuser

Spickzettel 3

Teile einer Burg im Mittelalter

Was ist wichtig bei einem Spickzettel?

A2 Welcher Spickzettel ist deiner Meinung nach für einen Vortrag am besten geeignet? Begründe.

A3 Schreibe mit einem Zufallspartner drei wichtige Schreibtipps für einen Spickzettel auf.

Wenn dir keine Schreibtipps einfallen, nimm den Spickzettel auf dem Arbeitsblatt LS 01.M1 zu Hilfe.

A4 Ordnet eure Ergebnisse an der Tafel. Wählt die wichtigsten Schreibtipps aus.

A5 Schreibe die wichtigsten Schreibtipps für einen Spickzettel auf ein Blatt.

A6 Schreibe einen Spickzettel zum Lehrervortrag: „Die Ausbildung eines Ritters im Mittelalter“.

A7 Übe einen Vortrag mit Hilfe deines Spickzettels.

A8 Halte mit Hilfe deines Spickzettels einen Vortrag. Bewerte die Vorträge deiner Mitschüler.

Achte beim Vortragen darauf, ruhig zu stehen und deine Zuschauer immer wieder anzusehen.

Textvorlage zur Erstellung eines Spickzettels

Die Ausbildung eines Ritters im Mittelalter

Die Ausbildung dauerte 14 Jahre.
Ein Ritter schickte seinen Sohn mit sieben Jahren auf eine andere Burg, damit er dort zum Ritter ausgebildet wurde.
Als Page bediente er die Ritter und ihre Frauen und lernte die höfischen Sitten kennen.
Außerdem pflegte er die Pferde und bekam Unterricht in den Turnierregeln.

Mit 14 Jahren wurde der Page zum Knappen befördert. Er musste weiterhin die Adligen bei Tisch bedienen, war jedoch nun auch für die Rüstung und die Pferde des Ritters verantwortlich.
Er lernte mit den Waffen umzugehen und diese zu reinigen.
Dem Ritter stand er treu zur Seite und begleitete ihn auch in den Krieg.

Mit 21 Jahren wurde der Knappe in einer feierlichen Zeremonie, der Schwertleite, zum Ritter geschlagen.
In der Nacht vor der Feier verbrachte er nach einem Bad, das ihn von allen Sünden reinigen sollte, eine Nacht fastend und betend in der Kapelle.
Am anderen Morgen wurde er nach einer Messe gesegnet.
Danach legte er das Rittergelübde ab,
und der König schlug dem knieenden Knappen mit dem Schwert auf die Schulter.
Danach erhielt der junge Ritter sein Schwert und durfte nun auch an Turnieren teilnehmen.

LS 03.M3 Bewertung Vortrag

Name des Kindes:		**Datum:**	
Vortrag	☺	☺☺	☺☺☺
inhaltlich richtig			
flüssig geredet			
frei geredet			
fester Stand			
deutliche Aussprache			
Blickkontakt zum Publikum			

Ein Protokoll entwerfen

		Zeit	Lernaktivitäten	Material	Kompetenzen
1	PL	5′	S stellen Vermutungen an, wie es zur Verfärbung der Kreide kommen konnte.	M1.A1	- altersgemäße Texte sinnverstehend lesen - Texten Informationen entnehmen - Lernergebnisse geordnet festhalten - Vermutungen äußern - Meinungen begründen - Schlussfolgerungen ziehen - auf Gesprächsbeiträge anderer eingehen - ein Protokoll schreiben - Texte anhand der Schreibaufgabe überprüfen
2	EA	10′	S führen den Versuch nach Anleitung durch.	M1.A2	
3	EA	5′	S notieren ihre Beobachtungen.	M1.A3	
4	GA	10′	S vegleichen ihre Beobachtungen und schreiben nach gemeinsamen Überlegungen auf, was man daraus schließen kann.	M1.A4	
5	GA	10′	S schreiben mit Hilfe der Definition eines Protokolls drei Angaben auf, die ein Protokoll enthalten sollte.	M1.A5	
6	PL	10′	Im Plenum einigen sich die S auf fünf wichtige Schreibtipps für ein Protokoll und legen deren Reihenfolge fest.	M1.A6, Präsentationskarten	
7	EA	5′	S übertragen die Schreibtipps auf ein Blatt.	M1.A7, Arbeitsblatt	
8	EA	15′	S schreiben zu dem durchgeführten Versuch ein Protokoll.	M1.A8	
9	PA	10′	Mit einem Zufallspartner überprüfen die S gegenseitig ihre Angaben auf Richtigkeit und Vollständigkeit.	M1.A9, Lose	
10	EA	10′	S fertigen nach Anleitung ein Tischset an.	M1.A10, Laminiertaschen	
11	EA	10′	S schreiben nach der Anfertigung des Tischsets ein Protokoll.	M1.A11 M2	

Erläuterungen zur Lernspirale

Ziel der Doppelstunde ist es, dass die Schüler nach Erarbeitung von Schreibtipps ein Protokoll zu einer Versuchsdurchführung und einer Bastelanfertigung schreiben.

Zum Ablauf im Einzelnen:

1. Arbeitsschritt: Die Schüler stellen zu den Kreidebildern Vermutungen an, wie die Verfärbung zustande gekommen sein könnte.

2. Arbeitsschritt: Die Schüler führen den angegebenen Versuch nach Anleitung durch.

3. Arbeitsschritt: Nach der Durchführung des Versuchs schreibt jeder Schüler seine eigene Beobachtung auf das Arbeitsblatt.

4. Arbeitsschritt: Im Plenum vergleichen die Schüler ihre Beobachungen und schreiben nach einer Diskussion auf, was man aus den Beobachtungen schließen kann.

5. Arbeitsschritt: Jeder Schüler schreibt mit Hilfe der Definition eines Protokolls auf, welche Angaben ein Protokoll enthalten sollte.

6. Arbeitsschritt: Die Schüler einigen sich im Plenum auf fünf Angaben, die in einem Protokoll enthalten sein müssen.

7. Arbeitsschritt: Die Schüler übertragen die Schreibtipps auf ein Blatt, sodass sie diese jederzeit wieder verwenden können.

8. Arbeitsschritt: Mit Hilfe der eigenen Aufschrift des Versuchsablaufs und den Angaben zu einem Protokoll schreiben die Schüler nun ein „Teil"-Stundenprotokoll.

9. Arbeitsschritt: Nach Losen eines Zufallspartners überprüfen die Schüler gegenseitig ihr Protokoll auf Richtigkeit und Vollständigkeit.

10. Arbeitsschritt: Nach erfolgter Kontrolle fertigen die Schüler unter Anleitung ein Tischset an, dazu schreiben sie anschließend ein Protokoll. Sollte die vorangegangene Arbeit mehr Zeit in Anspruch genommen haben, kann die Anfertigung oder das Schreiben des Protokolls auch auf die nächste Stunde verschoben werden. Wichtig wäre dabei jedoch der Hinweis, dass sich die Schüler das Datum und die Uhrzeit der Durchführung notieren.

11. Arbeitsschritt: Die Schüler schreiben nun das Protokoll zur Tischsetanfertigung.

Als Lernzielkontrolle bietet sich das Schreiben eines Protokolls nach einem durchgeführten Versuch an.

Der Versuch kann problemlos von den Schülern eigenständig durchgeführt werden und lässt sie durch die Färbung der weißen Blütenblätter erkennen, dass das Wasser nach oben steigt.

Zur Bewertung des Protokolls kann der untere Teil der Kopiervorlage M2 herangezogen werden.

✓ **Merkposten**

zur Vorbereitung

▶ **Materialien für den Versuch „Kreide"**

- Kreide
- flache Schalen
- Wasser
- Filzstifte in genügender Anzahl bereitstellen.

▶ **Lose**

Zum Losen in Arbeitsschritt 9 eignen sich auch Spielkarten.

▶ **Materialien für den Versuch „Tischset"**

- DIN-A3-Papier
- Wachsmalstifte
- Laminierfolien
- Laminiergerät

▶ LS 04.M2

4 Ein Protokoll schreiben

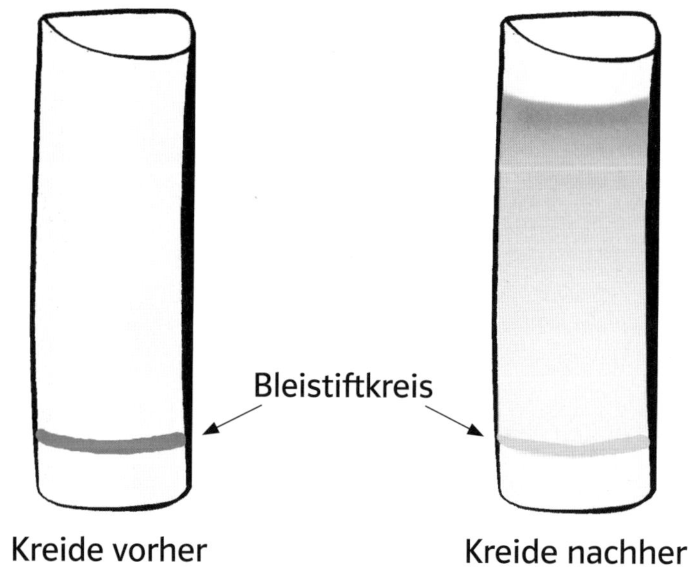

A1 Was ist hier passiert?

A2 Führe dazu folgenden Versuch durch.

Das brauchst du:

- 1 kleine flache Schale
- 1 weiße Kreide
- etwas Wasser
- 1 Bleistift
- 1 dunklen wasserlöslichen Filzstift

Das machst du:

Fülle etwas Wasser in die Schale.
Ziehe mit dem Bleistift im unteren Drittel einen Kreis um die Kreide, und übermale diesen mit dem Filzstift.
Stelle die Kreide so ins Wasser, dass der Strich nicht mit Wasser bedeckt ist.

A3 Schreibe auf, was du nach einiger Zeit beobachten konntest.

Hier darf nur stehen, was du wirklich sehen konntest.

A4 Was kannst du aus der Versuchsbeobachtung schließen?

A5 Lies dir die folgende Erklärung eines Protokolls durch. Markiere wichtige Punkte, und schreibe drei davon auf eine Karteikarte.

> Das Protokoll auf dem Arbeitsblatt LS01.M1 kann dir dabei eine Hilfe sein.

Protokoll
Ein Protokoll ist die Zusammenfassung eines Gesprächs oder eines Ereignisses und hat eine festgelegte Form.
Der Leser eines Protokolls möchte genau darüber informiert werden,
wann etwas stattgefunden hat,
wer daran beteiligt war,
was passiert ist oder was gemacht wurde
und zu **welchem Ergebnis** die Teilnehmer kamen.

Gesprächsprotokoll
Hier werden Inhalte und Absprachen eines Gesprächs festgehalten.

Stundenprotokoll
Hier wird festgehalten, was in einer Unterrichtsstunde durchgenommen wurde.

Versuchsprotokoll
Hier werden der Aufbau, der Verlauf, die Beobachtungen und das Ergebnis eines Versuchs festgehalten.

A6 Einigt euch in der Gruppe auf fünf Schreibtipps für ein Protokoll.

A7 Schreibe die geordneten Schreibtipps für ein Protokoll auf ein Blatt.

A8 Schreibe zu der Unterrichtsstunde mit dem durchgeführten Kreide-Versuch ein Protokoll.

A9 Prüfe deine Angaben mit einem Zufallspartner.

A10 Fertige nach folgender Anleitung ein Tischset an:

Das brauchst du:

- 1 weißes DIN-A3-Blatt
- Wachsmalstifte
- 1 DIN-A3-Laminierfolie
- Laminiergerät

Das machst du:

Male mit deinen Wachsmalstiften eine große Blume auf dein Blatt, und fülle den Hintergrund mit blauer Farbe aus.
Schreibe deinen Namen auf die Rückseite deines Blattes.
Lege dein ausgemaltes Blatt in die Laminierfolie, und gib sie deiner Lehrerin, damit sie beides durch das Laminiergerät laufen lassen kann.

A11 Schreibe nun zu der Unterrichtsstunde mit der Anfertigung des Tischsets ein Protokoll.

Lernzielkontrolle – Protokoll

Versuchsanleitung
Wasser steigt nach oben

Das brauchst du:
- ▶ 1 Glas- oder Plastikgefäß
- ▶ 1 weiße Pflanze
- ▶ Wasser
- ▶ wasserlösliche Farbe

Das machst du:
- ▶ Fülle das Gefäß mit Wasser.
- ▶ Gib die Farbe in das Wasser. Rühre es um.
- ▶ Schneide den Pflanzenstängel unten etwas ein, und stelle die Pflanze in das Gefäß.

➡ Woran kann man erkennen, dass das Wasser nach oben steigt?

Bewertung Protokoll

Name des Kindes:		**Datum:**	
Protokoll	☺	☺☺	☺☺☺
Datum/Teilnehmer			
Auflistung Materialien			
Ablauf/Reihenfolge			
Beobachtung			
Schlussfolgerung			

Gestaltungstipps für ein Plakat erstellen

		Zeit	Lernaktivitäten	Material	Kompetenzen
1	EA	20′	S schreiben Informationen zu der Stadt Berlin auf, die einen Besucher interessieren könnten.	M1 M2.A1	- altersgemäße Texte sinnverstehend lesen - Informationen in Druck- und – wenn vorhanden – elektronischen Medien suchen - Texte zweckmäßig und übersichtlich gestalten - Texte für die Veröffentlichung aufbereiten - eigene Meinung formulieren und begründen - Ergebnisse vergleichen - zielgerichtet arbeiten und kooperieren - auf Gesprächsbeiträge anderer eingehen - ein Plakat erstellen - Lernergebnisse präsentieren
2	GA	15′	In Zufallsgruppen einigen sich die S über die Informationen und die Gestaltung eines Werbeplakats für die Stadt Berlin.	M2.A2, Schreibblätter	
3	GA	35′	Die Gruppen gestalten jeweils ein Plakat mit Hilfe ihrer Informationen.	M2.A3, Plakatmaterialien	
4	PL	15′	S betrachten in einem Museumsrundgang die Plakate und notieren positive Dinge sowie Verbesserungsvorschläge.	M2.A4	
5	PL	15′	S einigen sich im Plenum auf Gestaltungstipps für ein Plakat.	M2.A5, Tafel	
6	EA	20′	S besorgen sich Informationen zu der gelosten Stadt, mit welchen sie ein Reiseplakat erstellen können.	M2.A6	
7	GA	20′	In Stammgruppen sortieren die S ihre Informationen und einigen sich auf Inhalte eines Reiseplakats.	M2.A7, Arbeitsblatt	
8	GA	40′	Schülergruppen gestalten ein Werbeplakat.	M2.A8, Plakate	
9	PA	15′	Schüler stellen ihre Plakate vor und bewerten sie mit Hilfe ihrer erarbeiteten Gestaltungstipps.	M2.A9	
10	EA	5′	Schüler setzen ihre Plakate zu einem Großplakat zusammen.	M2.A10	

Erläuterungen zur Lernspirale

Ziel der beiden Doppelstunden ist es, dass die Schüler Gestaltungstipps für ein Plakat erarbeiten und damit Plakate erstellen.

Zum Ablauf im Einzelnen

1. Arbeitsschritt: Jeder Schüler schreibt Informationen zu der Stadt Berlin auf, die einen Schüler interessieren könnten. Hierfür kann den Schülern der Text über Berlin M1 (1 und 2) zur Verfügung gestellt werden.

2. Arbeitsschritt: Die Schüler einigen sich in Zufallsgruppen über Inhalt und Gestaltung eines Werbeplakats für die Stadt Berlin.

3. Arbeitsschritt: Schüler gestalten in Gruppenarbeit ein Werbeplakat für die Stadt Berlin.

4. Arbeitsschritt: Die Gruppen legen die Plakate aus, und jeder Schüler notiert sich während des Museumsrundgangs sowohl Dinge, die gut gelungen sind, als auch Verbesserungsvorschläge.

5. Arbeitsschritt: Mit Hilfe der positiven Notizen und der Verbesserungsvorschläge einigen sich die Schüler auf Gestaltungstipps für ein Plakat. Dies kann durch Clustern bestimmter Kriterien an der Tafel geschehen.

6. Arbeitsschritt: Die Städte werden gelost. Jeder Schüler besorgt sich Informationen zu der gelosten Stadt, um damit ein Werbeplakat gestalten zu können. Den Schülern können hierfür Nachschlagewerke, Reiseführer und sichere Internetseiten genannt werden. Es empfiehlt sich, aus Zeitgründen diesen Arbeitsschritt den Schülern als Hausaufgabe zu geben. Alternativ kann auch der Heimatort dazu genutzt werden.

7. Arbeitsschritt: In Stammgruppen, die sich durch die gelosten Städte bilden, sortieren die Schüler ihre Informationen und einigen sich auf die Inhalte ihres Plakats.

8. Arbeitsschritt: Die Stammgruppen gestalten ihre Städteplakate.

9. Arbeitsschritt: Die Schülergruppen stellen sich gegenseitig ihre Plakate vor. Mit Hilfe der festgelegten Gestaltungstipps können die Plakate sowohl vom Lehrer als auch von den Schülern bewertet werden.

10. Arbeitsschritt: Die Schüler setzen ihre Plakate zu einem Großplakat zusammen. Dieses kann im Schulgebäude aufgehängt, und die Inhalte können Schülern anderer Klassen erklärt werden.

✓ Merkposten

zur Vorbereitung

▶ Infotexte Berlin

M1 für Arbeitsschritt 1 in entsprechender Anzahl kopieren.

▶ Plakatgestaltung

Verschiedenfarbiges Papier, Folienstifte und sonstige Gestaltungsmaterialien für Arbeitsschritte 3 und 8 bereitstellen.

▶ Städteinformationen

Nachschlagewerke oder Reiseprospekte für Arbeitsschritt 6 bereitstellen.

Informationen zur Stadt Berlin 1

Der schwarze „Berliner Bär“ auf dem Stadtwappen hat eine rote Zunge und rote Krallen. Die goldene Krone auf dem Schild sieht aus wie eine Mauer mit einem geschlossenen Tor in der Mitte. Die fünf Mauerspitzen haben die Form von Laubblättern.

Sehenswürdigkeiten:

- Berliner Mauer
- Berliner Dom – barocke Kirche der Hohenzollern
- Rotes Rathaus – Sitz der Berliner Landesregierung
- Brandenburger Tor – nationales Symbol für die Einheit Deutschlands
- Bundeskanzleramt – Gebäude, in dem die Bundeskanzlerin wohnt und arbeitet
- Fernsehturm – höchstes Bauwerk Berlins
- Gedächtniskirche – Mahnmal gegen den Krieg
- Kurfürstendamm – wichtigste Einkaufsstraße Berlins
- Siegessäule – Aussichtsplattform im Tiergarten
- Zoologischer Garten – großer Zoo mit Aquarium
- Olympiastadion

Museen:

- Deutsches Historisches Museum – wechselnde Ausstellungen
- Altes Museum – Kunstwerke der Griechen und Ägypther
- Deutsches Technikmuseum
- Feuerwehrmuseum

Berühmte Persönlichkeiten:

- Schriftsteller – E.T.A. Hoffmann
- Komponist – Mendelssohn Bartholdy

Informationen zur Stadt Berlin 2

Kultur:

- Deutsche Oper Berlin
- Philharmonie Berlin
- Murkelbühne – Kinder- und Jugendtheater

Badeseen:

- Seebad Friedrichshagen – am Großen Müggelsee
- Große Kampe – Badestrand am Nebenfluss der Spree
- Strandbad Orankesee – am See mit Sandstrand, Liegewiese und 52 m langer Wasserrutsche

Restaurants:

- Café de France – französische Küche
- Westin Grand – Barbecue und Grill
- Restaurant Mark Brandenburg – regionale Küche

Unterkünfte:

- Grand Hyatt Hotel ★★★★★
- Maritim Hotel ★★★★
- Mercure Hotel ★★★
- Ibis Hotel ★★
- Jugendherberge

Weitere Informationen
findest du in Reiseführern oder im Internet unter:

- www.blinde-kuh.de Eingabe „Berlin" in die Suchmaschine, Klick auf „Ein Rundgang durch Berlin"
- www.google.de Eingabe „Berlin",
  Klick auf
  „Berlin offizielles Stadtportal"
  „Tourismus"

5 Plakate gestalten – ein Kinderspiel

A1 Schreibe zu der Stadt Informationen auf, die einen Schüler interessieren könnten.

Dafür interessieren sich Besucher einer Stadt häufig:

- historische und wichtige Gebäude
- Museen
- Flüsse
- Persönlichkeiten dieser Stadt
- typische Speisen und Getränke

Der Reichstag in Berlin

A2 Einigt euch in Zufallsgruppen über die Gestaltung und die Inhalte eines Werbeplakats für die Stadt Berlin.

A3 Gestaltet mit Hilfe der Informationen ein Plakat zu der Stadt.

A4 Notiere während deines Museumsrundgangs auf einem Blatt, was dir an den Plakaten gut gefallen hat und welche Verbesserungsvorschläge du noch hast.

A5 Einigt euch auf Gestaltungstipps für ein Plakat. Schreibe diese Tipps in dein Heft.

Köln

Blick auf den Kölner Dom

Informationen zu Städten findest du auch im Internet und Reiseführern.

A6 Besorgt euch zu der gelosten Stadt Informationen für ein Reiseplakat.

Heidelberg

Blick auf die Stadt und das Heidelberger Schloss

München

A7 Sortiert in Stammgruppen eure Informationen. Einigt euch darauf, was ihr auf eurem Plakat darstellen wollt.

A8 Gestaltet euer Reiseplakat.

A9 Stellt euch gegenseitig eure Reiseplakate vor.
Bewertet sie mit Hilfe eurer Gestaltungstipps.

A10 Setzt eure Reiseplakate zu einem Großplakat zusammen.

Münchner Rathaus und Frauenkirche

Kriterien eines Laternengedichts erarbeiten

		Zeit	Lernaktivitäten	Material	Kompetenzen
1	EA	15′	S untersuchen den Aufbau der gelosten Gedichte und schreiben dazu einige Schreibtipps auf.	M1.A1 M2	- altersgemäße Texte sinnverstehend lesen - Aufbau eines Textes erkennen - Verfahren zur Orientierung über einen Text nutzen - mit Sprache experimentell und spielerisch umgehen - Hypothesen aufstellen - Ergebnisse vergleichen - zielgerichtet arbeiten und kooperieren - ein Laternengedicht schreiben
2	GA	15′	S vergleichen und ergänzen in Stammgruppen ihre Ergebnisse.	M1.A2	
3	GA	20′	In Querschnittsgruppen tauschen sich die S über die Gemeinsamkeiten und Unterschiede der verschiedenen Laternengedichte aus und schreiben diese auf.	M1.A3 M1.A4, Präsentationskarten	
4	PL	15′	S clustern die Gruppenergebnisse an der Tafel.	M1.A5, Tafel, Magnete	
5	EA	10′	S übertragen die Ergebnisse auf ein Blatt.	M1.A6 M3	
6	PL	25′	S schreiben mit einem der angegebenen Wörter ein Laternengedicht und tragen es vor.	M1.A7	

Erläuterungen zur Lernspirale

✓ **Merkposten**

zur Vorbereitung

▶ **Lose**

Vorlage M2 für Arbeitsschritt 1 in entsprechender Anzahl kopieren.

▶ **Präsentation**

Präsentationskarten und Magnete für Arbeitsschritte 3 und 4 in entsprechender Anzahl bereitstellen.

▶ **Lösung**

Vorlage M3 zur Kontrolle kopieren und eventuell für weitere Verwendung laminieren.

Ziel der Doppelstunde ist es, dass die Schüler Kriterien für den Aufbau und Inhalt von Laternengedichten erarbeiten und selbst Laternengedichte schreiben.

Zum Ablauf im Einzelnen:

1. Arbeitsschritt: Jeder Schüler untersucht den Aufbau der gelosten Laternengedichte und schreibt dazu einige Schreibtipps auf. Wichtig sind die Anzahl der Zeilen, die Anzahl der Silben in den einzelnen Zeilen und dass die Zeilen inhaltlich miteinander in Verbindung stehen.

2. Arbeitsschritt: Die Schüler vergleichen in Stammgruppen ihre Schreibtipps. Die Gruppenbildung erfolgt durch die gelosten Laternengedichte. Bei großen Klassen empfiehlt es sich, die Loskärtchen auf zwei verschiedenfarbige Blätter zu kopieren, damit nicht mehr als fünf Schüler zusammenarbeiten müssen. Die Symbole unten rechts auf den Loskärtchen dienen der Einteilung der Querschnittsgruppen.

3. Arbeitsschritt: Mit Hilfe der Symbole auf den Loskärtchen bilden die Schüler Querschnittsgruppen. Diese Gruppen tauschen sich nun über die Gemeinsamkeiten und Unterschiede der Laternengedichte aus und schreiben sie auf Präsentationskarten. Gemeinsam haben die Laternengedichte die Wortanzahl in den einzelnen Zeilen, Inhaltszusammenhänge und ein Abschlusswort. Hauptunterschiede sind die Wortarten, mit welchen die Laternengedichte beginnen.

4. Arbeitsschritt: Die Schülergruppen clustern ihre Ergebnisse an der Tafel.

5. Arbeitsschritt: Jeder Schüler überträgt die Schreibtipps für Laternengedichte auf ein Blatt.

6. Arbeitsschritt: Jeder Schüler schreibt mit einem der angegebenen Wörter ein Laternengedicht und trägt es vor. Die Gedichte können von den Schülern mit Hilfe der Schreibkriterien gegenseitig bewertet werden.

Leistungskontrolle:

Mit Hilfe der angegebenen Wörter auf dem Arbeitsblatt können die Schüler weitere Laternengedichte schreiben, die auf der Grundlage der Schreibtipps auch bewertet werden können.

Hinweis zur Weiterarbeit:

Auch bei der japanischen Gedichform „Haiku" bestehen die Zeilen aus einer bestimmten Anzahl von Silben. Jedoch handelt es sich dabei meist um einen zusammenhängenden Satz und nicht wie beim Laternengedicht um einzelne Wörter.

Beispiel für ein Haiku:

Zeile 1	**5 Silben**	Es macht mir viel Spaß
Zeile 2	**7 Silben**	mittags mit meinen Freunden
Zeile 3	**5 Silben**	Fußball zu spielen.

6 Wir sind alle kleine Dichter

Laternengedichte 1 und 2

Meer
Hellblau
Breiter Strand
Schwimmen gehen
Nass!

Herbst
Windig
Buntes Laub
Drachen steigen
Toll!

Laternengedichte 3 und 4

Laut
Donner
Gewitter
Helle Blitze
Angst!

Krank
Kinder
Bettruhe
Hohes Fieber
Schlaf!

Laternengedichte 5 und 6

Weiß
Winter
Ski fahren
Schneemann bauen
Kalt!

Grün
Frösche
Quaken viel
Sitzen am Teich
Laut!

A1 Wie sind die Laternengedichte aufgebaut?
Schreibe in den linken Kasten die Anzahl der Silben.
In den rechten Kasten schreibst du Angaben zu den Wortarten und zum Inhalt.

Zeile 1 ______	______
Zeile 2 ______	______
Zeile 3 ______	______
Zeile 4 ______	______
Zeile 5 ______	______

A2 Vergleicht in Stammgruppen eure Schreibtipps.

A3 Tauscht euch in Gruppen über die Gemeinsamkeiten und Unterschiede der Laternengedichte aus.

______

______

______

A4 Schreibt die Gemeinsamkeiten und die Unterschiede der Laternengedichte auf Präsentationskarten.

A5 Clustert eure Ergebnisse an der Tafel.

A6 Übertrage die Schreibtipps für die verschiedenen Laternengedichte auf ein Blatt.

______

______

______

______

______

A7 Schreibe mit einem der angegebenen Wörter ein Laternengedicht.

gelb	Freund	heiß
blau	Hund	rund

Loskärtchen

Laternengedicht 1 und 2 ♡	**Laternengedicht 1 und 2** ☾
Laternengedicht 1 und 2 ☼	**Laternengedicht 1 und 2** ★
Laternengedicht 1 und 2 ☺	

Laternengedicht 3 und 4 ♡	**Laternengedicht 3 und 4** ☾
Laternengedicht 3 und 4 ☼	**Laternengedicht 3 und 4** ★
Laternengedicht 3 und 4 ☺	

Laternengedicht 5 und 6 ♡	**Laternengedicht 5 und 6** ☾
Laternengedicht 5 und 6 ☼	**Laternengedicht 5 und 6** ★
Laternengedicht 5 und 6 ☺	

Lösung zum Arbeitsschritt 1 auf dem Arbeitsblatt LS 06.M1

Laternengedichte 1 und 2

Zeile 1	**1 Silbe**	ein Nomen
Zeile 2	**2 Silben**	ein dazu passendes Adjektiv
Zeile 3	**3 Silben**	ein weiteres passendes Adjektiv mit Nomen
Zeile 4	**4 Silben**	eine passende Handlung
Zeile 5	**1 Silbe**	Abschluss – ein passendes Adjektiv

Laternengedichte 3 und 4

Zeile 1	**1 Silbe**	ein Adjektiv
Zeile 2	**2 Silben**	ein dazu passendes Nomen
Zeile 3	**3 Silben**	ein Nomen, das mit diesen Wörtern zu tun hat
Zeile 4	**4 Silben**	ein weiteres Nomen mit Adjektiv
Zeile 5	**1 Silbe**	Abschluss – ein passendes Nomen

Laternengedichte 5 und 6

Zeile 1	**1 Silbe**	eine Adjektiv – eine Farbe
Zeile 2	**2 Silben**	ein dazu passendes Nomen
Zeile 3	**3 Silben**	eine passende Handlung
Zeile 4	**4 Silben**	eine weitere passende Handlung
Zeile 5	**1 Silbe**	Abschluss – ein passendes Adjektiv

Eine Fantasiegeschichte zu einer Bildvorlage schreiben

		Zeit	Lernaktivitäten	Material	Kompetenzen
1	PL	10′	S lauschen mit geschlossenen Augen der Musik „Meeresrauschen" und der Fantasiereise und nennen ihre Empfindungen.	M1	– nach Anregung eigene Texte schreiben – genau zuhören – Ideensammlung anlegen – Inhalte zuhörend verstehen – gezielt nachfragen – konstruktives Feedback geben – Lernergebnisse präsentieren
2	EA	10′	S schreiben zum Bild ihre Schreibidee in mindestens drei Sätzen auf.	M2.A1 M2.A2	
3	GA	20′	Auf dem „Marktplatz" tauschen die S ihre Schreibideen aus.	M2.A3	
4	EA	20′	S schreiben zu ihrer Geschichtsidee eine Stichpunktsammlung auf.	M2.A4, Schreibblätter	
5	EA	5′	S schreiben zu ihrer Schreibidee eine Überschrift auf.	M2.A5	
6	PA	15′	In Zufallsgruppen tauschen sich die S über ihre Stichpunktsammlungen aus.	M2.A6	
7	EA	20′	S schreiben ihre Geschichte auf ein Schmuckblatt.	M2.A7 M3	

Erläuterungen zur Lernspirale

✓ **Merkposten**

zur Vorbereitung

▶ **Musik-CD**

„Meeresrauschen"

▶ **Zufallsgruppen/ -partner**

Zur schnellen Bildung der Zufallsgruppen in Arbeitsschritt 3 und Zufallspartner in Arbeitsschritt 6 eignet sich das Durchzählen.

▶ **Lose**

Vorbereitung von Loskärtchen mit Glückwunschkarten.

▶ **Schmuckblatt**

M3 für Arbeitschritt 9 in entsprechender Anzahl kopieren.

Ziel der Doppelstunde ist es, dass die Schüler zu der Bildvorlage Ideen für eine Fantasiegeschichte sammeln und nach Austausch mit anderen eine eigene Geschichte dazu schreiben. Dabei ist darauf hinzuweisen, dass keine Schreibform vorgegeben wird.

Zum Ablauf im Einzelnen:

1. Arbeitsschritt: Um die Schüler auf mehreren Sinnesebenen auf das Schreiben der Geschichte einzustimmen, lässt der Lehrer die Schüler die Augen schließen. Während im Hintergrund die Musik von Meeresgeräuschen läuft, liest er ihnen eine Fantasiereise vor. Die Schüler berichten über ihre Empfindungen.

2. Arbeitsschritt: Die Schüler öffnen die Augen und sehen vor sich das Bild auf Seite 34. Hierzu schreibt jeder seine Idee für eine Geschichte in mindestens drei Sätzen auf.

3. Arbeitsschritt: Bei dieser mündlichen Formulierung in einer offenen Marktplatzsituation tauschen sich die Schüler aus und bereiten sich auf die schriftliche Ausarbeitung vor. Auch erhalten die Schüler dadurch weitere Anregungen für die eigene Geschichte, was besonders leistungsschwächeren Schülern eine große Hilfe ist.
Alternativ kann der Lehrer die schwächeren Schüler auf dem „Marktplatz" ins Café einladen. Dort wartet der Lehrer, um mit ihnen ihre Schreibideen zu diskutieren.

4. Arbeitsschritt: Jeder Schüler schreibt als Vorbereitung auf die Ausformulierung seiner Geschichte eine Stichpunktsammlung auf. Dabei können sich die Schüler nochmals gedanklich auf den Inhalt und die Reihenfolge der Geschichte konzentrieren und diese noch entsprechend variieren, ohne auf Satzbau und Rechtschreibung achten zu müssen.

5. Arbeitsschritt: Jeder Schüler schreibt zu seiner Geschichtsidee eine Überschrift, die zum Lesen der Geschichte motiviert.

6. Arbeitsschritt: Mit einem Zufallspartner tauschen sich die Schüler über ihre Stichpunktsammlungen aus. Bei der eigenen mündlichen Formulierung der Geschichte erkennen die Schüler teilweise eigene Schwachstellen oder werden von dem Partner darauf hingewiesen.

7. Arbeitsschritt: Jeder Schüler schreibt nun seine eigene Geschichte auf ein Schmuckblatt, welches später im Klassenzimmer ausgehängt werden kann.

Hinweise zur Weiterarbeit:

Im Anschluss könnten im fächerübergreifenden Kunstunterricht von den Schülern Bilder gemalt werden, die als Vorlagen für weitere Fantasiegeschichten dienen.

Notizen:

Fantasiereise

Schließe deine Augen und spüre, wie dein Körper
immer schwerer wird –
Spanne für einen Augenblick alle deine Muskeln fest an –
Jetzt lass deine Muskeln wieder locker und entspanne dich –

Du atmest gleichmäßig ein und aus –
Deine Atemzüge werden immer tiefer
und dein Körper immer schwerer –
Dir wird warm, und du fühlst dich wohl –

Stell dir vor, du stehst an einem Strand –
Der weiche, warme Sand unter deinen Füßen gibt nach –
Das Wasser des türkisblauen Meeres glitzert
in der Sonne – weit, unendlich weit –

Langsam gehst du ein paar Schritte und lässt deine Füße
von den weichen und warmen Wellen umspülen –
Ein leichter Wind streicht über deinen Körper –
Und du riechst die salzige Luft, die der Wind mit sich trägt –

Langsam gehst du ein paar Schritte zurück und legst dich in den Sand –
Du schaust in den Himmel und beobachtest die Wolken –
Langsam bewegen sie sich über dich hinweg –
leicht, fast schwerelos gleiten sie dahin –

Du lauschst dem Rauschen des Meeres –
Die Wellen rollen im immer gleichen Rhythmus hin und her –
ansonsten ist um dich herum nur Stille –

Du spürst den weichen Sand –
Die Sonne scheint wärmend auf deinen Körper –
Du fühlst dich wohl –

Langsam öffnest du deine Augen –
Du bewegst vorsichtig deine Arme und Beine –
Reckst und streckst dich –

Und schaust dich langsam um – …

7 Eine Fantasiegeschichte schreiben

A1 Was fällt dir zu dem Bild ein?

A2 Schreibe deine Schreibidee in drei Sätzen auf eine Karteikarte.

A3 Tauscht eure Schreibideen auf dem „Marktplatz" aus.

A4 Schreibe zu deiner Idee eine Stichpunktsammlung auf ein Blatt.

A5 Überlege dir eine passende Überschrift zu deiner Idee.

A6 Tauscht euch in gelosten Gruppen über eure Stichpunktsammlungen aus.

A7 Schreibe mit Hilfe deiner Stichpunktsammlung eine Geschichte auf ein Blatt.

Eine Überschrift sollte kurz sein und zum Lesen deiner Geschichte anregen.

Schmuckblatt

Multiple-Choice-Aussagen ankreuzen und entwerfen

		Zeit	Lernaktivitäten	Material	Kompetenzen
1	EA	15′	S lesen den Text „Gepard und Leopard" und klären unbekannte Wörter.	M1.A1	- altersgemäße Texte sinnverstehend lesen - Informationen aus einem Text entnehmen - gezielt einzelne Informationen suchen - Aussagen mit Textstellen belegen - richtige und falsche Aussagen zu einem Text schreiben
2	EA	15′	S markieren mit unterschiedlichen Farben die Informationen zu den beiden Tieren.	M1.A1	
3	PA	10′	Mit einem Zufallspartner kontrollieren die S ihre Markierungen.	M1.A2	
4	EA	10′	Mit Hilfe der Informationen malen die S das Bild des Leoparden in den richtigen Farben aus.	M1.A3	
5	EA	10′	S kreuzen die jeweils richtigen Aussagen zu den Tieren an.	M1.A4	
6	PA	10′	Mit einem Zufallspartner kontrollieren die S ihre Ergebnisse.	M1.A5 M2, Lose	
7	EA	20′	S entwerfen in Zufallsgruppen eigene Aussagen zu einem gelosten Tier.	M3, M4 M1.A6	
8	GA	10′	Die Gruppen tauschen ihre Aussagen aus.	M1.A6	

Erläuterungen zur Lernspirale

✓ **Merkposten**

zur Vorbereitung

▶ **Lösung**

M2 mit der Lösung für Arbeitschritt 6 bei Bedarf kopieren.

▶ **Lose**

M3 für Arbeitsschritt 7 in entsprechender Zahl kopieren.

▶ **Texte „Sibirischer Tiger" und „Löwe"**

Texte M4 in entsprechender Zahl für Arbeitsschritt 7 kopieren.

Ziel der Doppelstunde ist es, dass die Schüler den Text inhaltlich erfassen und nach Kennzeichnung richtiger Multiple-Choice-Aussagen selbstständig Aussagen entwerfen können.

Zum Ablauf im Einzelnen:

1. Arbeitsschritt: Die Schüler lesen den Text „Gepard und Leopard" aufmeksam durch und klären unbekannte Wörter. Dies kann in einem gemeinsamen Gespräch oder in Eigenarbeit geschehen.

2. Arbeitsschritt: Die Schüler markieren mit zwei unterschiedlichen Farben die Informationen zu den beiden Tieren. Dies erleichtert ihnen, die richtigen Antworten zu den Fragen zu finden.

3. Arbeitsschritt: Die Schüler vergleichen ihre Markierungen mit einem Partner. So wird den schwächeren Schülern nochmals eine vorbereitende Hilfe für die anschließenden Fragen gegeben.

4. Arbeitsschritt: Jeder Schüler malt das Fell des Leoparden laut Information im Text richtig an. Bei leistungsschwachen Schülern können als Hilfe die Textstellen mit den Informationen über das Fell der beiden Tiere vorher im Plenum genannt und eventuell markiert werden.

5. Arbeitsschritt: Jeder Schüler liest die Aussagen zu den beiden Tieren durch und kreuzt die jeweils richtigen Aussagen mit Bleistift an.

6. Arbeitsschritt: Die Schüler kontrollieren und korrigieren ihre Ergebnisse mit einem Zufallspartner. Als Partner eignet sich hier aus Zeitgründen der Sitznachbar. Alternativ kann auch die Kopie der Lösung angeboten werden (M2).

7. Arbeitsschritt: Die Schüler ziehen eine Loskarte mit dem Namen eines Tieres. Die Symbole auf den Kärtchen dienen zur Gruppeneinteilung. Zu diesem Tier entwerfen die Schüler jeweils mit Hilfe des Textes einige Multiple-Choice-Aussagen. Sollte dies den Schülern Schwierigkeiten bereiten, können sie die Informationen zu ihrem jeweiligen Tier im Text markieren.

8. Arbeitsschritt: In Gruppen tauschen die Schüler ihre entworfenen Aussagen aus und lassen die richtigen ankreuzen. Alternativ können die Schüler auch den Auftrag erhalten, nur die falschen Antworten anzukreuzen. Zur Einteilung der Gruppen dient das Symbol auf den Loskarten aus Arbeitsschritt 7.

Hinweise zur Weiterarbeit:

- Die Informationen zu den beiden Tieren im vorliegenden Text können auch zum Erstellen von Tiersteckbriefen genutzt werden.
- In einem Doppelkreis halten die Schüler gegenseitig einen Vortrag über ihr Tier. Mit Hilfe der gehörten Informationen schreiben die Schüler dann einen Steckbrief über das zweite Tier und halten damit wieder einen Vortrag.

1 Welche Aussagen sind richtig?

A1 Lies den Text genau durch, und kläre unbekannte Wörter. Markiere mit verschiedenen Farben alle Informationen zu den beiden Tieren.

Gepard und Leopard

Gepard und Leopard gehören zur Familie der Großkatzen und leben in Afrika.
Die Leoparden sind die kleinsten aller Großkatzen. Sie werden bis zu 2,5 Meter lang und wiegen zwischen 30 und 45 Kilogramm. Die Geparden erreichen eine Schulterhöhe von 65 bis 85 Zentimetern und wiegen 45 bis 65 Kilogramm.
Beide Tiere haben ein hellgelbes bis rötlich-gelbes Fell. Das Fell des Gepards hat jedoch kleine, schwarze Tupfen, das des Leoparden dagegen große, dunkle Flecken. Der lange Schwanz des Gepards hat schwarze Ringe, der des Leoparden ist schwarz gefleckt. Beide Tiere tragen den Schwanz mit der Spitze leicht nach oben, sodass die weiße Unterseite des Schwanzendes auffällig leuchtet.
Wie fast alle Katzen hat der Leopard einziehbare Krallen. Sein Rumpf ist schlank und lang gestreckt, seine Beine sind verhältnismäßig kurz und seine Tatzen breit.
Der Gepard hat eine windhundähnliche Gestalt, lange Läufe und starre Krallen, die nicht eingezogen werden können.
Beim Jagen kann der Gepard plötzlich schnell anlaufen und anhalten. Er ist mit einer Jagdgeschwindigkeit von 110 km/h das schnellste Säugetier der Welt. Der Leopard kann nicht so schnell laufen. Dafür ist er ein guter Kletterer und Weitspringer. Er hat die Angewohnheit, seine geschlagene Beute auf einen Baum zu zerren. Seine Sprungkraft ist enorm. Er kann sich aus großer Höhe herunterstürzen, ohne sich dabei zu verletzen. Hauptbeute des Gepards sind Gazellen, Antilopen, Hasen und Vögel.
Die Nahrung des Leoparden besteht unter anderem aus Hirschen, Wildschweinen, Mardern und Affen. Gelegentlich frisst er auch Fische und manchmal sogar süße Früchte.
Das Leopardenweibchen bringt nach einer Tragezeit von gut drei Monaten meist zwei bis vier zunächst blinde Junge zur Welt. Das Gepardweibchen bringt in der Zeit von März bis Juni ein bis fünf Junge zur Welt. Mit zwölf Tagen sind die Jungen des Gepards schon recht gut auf den Beinen, und nach drei Wochen fressen sie schon Fleisch.

A2 Vergleiche deine Markierungen mit denjenigen eines Zufallspartners.

A3 Male das Fell des Leoparden mit den richtigen Farben an.

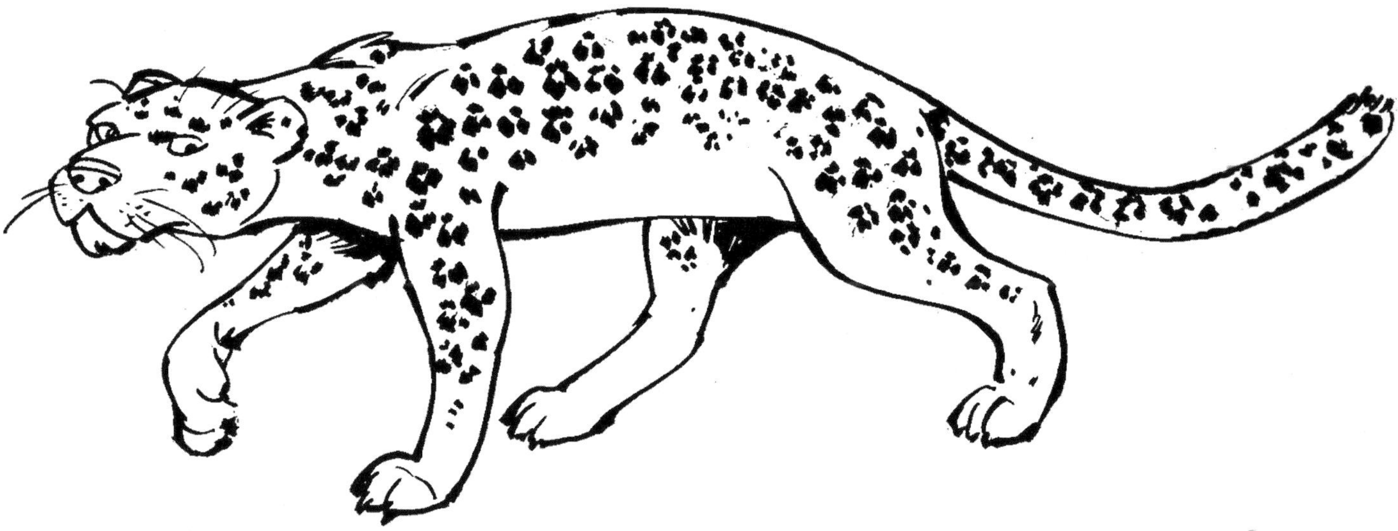

A4 Kreuze nur die richtigen Aussagen an.

Der Leopard

- ☐ Er ist die kleinste Großkatze.
- ☐ Sein Fell hat kleine schwarze Tupfen.
- ☐ Er ist ein guter Weitspringer.
- ☐ Selbst bei Sprüngen aus großer Höhe verletzt er sich nicht.
- ☐ Er ernährt sich nur von süßen Früchten.
- ☐ Bei der Geburt sind die Jungen zunächst noch blind.

Der Gepard

- ☐ Er wiegt maximal 45 kg.
- ☐ Sein Schwanz hat schwarze Ringe.
- ☐ Er ist das schnellste Säugetier der Welt.
- ☐ Er hat eine windhundähnliche Gestalt.
- ☐ Er ernährt sich von Gazellen, Vögeln, Hasen und Antilopen.
- ☐ Das Weibchen bringt bis zu fünf Junge zur Welt.

A5 Vergleiche deine Ergebnisse mit einem Zufallspartner.

A6 Schreibt zu dem gelosten Tier ähnliche Aussagen auf, und tauscht sie in Gruppen aus.

Lösung zu Arbeitsschritt 6

Der Leopard

- [x] Er ist die kleinste Großkatze.
- [ ] Sein Fell hat kleine schwarze Tupfen.
- [x] Er ist ein guter Weitspringer.
- [x] Selbst bei Sprüngen aus großer Höhe verletzt er sich nicht.
- [ ] Er ernährt sich nur von süßen Früchten.
- [x] Bei der Geburt sind die Jungen zunächst noch blind.

Der Gepard

- [ ] Er wiegt maximal 45 kg.
- [x] Sein Schwanz hat schwarze Ringe.
- [x] Er ist das schnellste Säugetier der Welt.
- [x] Er hat eine windhundähnliche Gestalt.
- [x] Er ernährt sich von Gazellen, Vögeln, Hasen und Antilopen.
- [x] Das Weibchen bringt bis zu fünf Junge zur Welt.

Kopiervorlage zu Arbeitsschritt 7

LS 01.M3

Tiger ♡	**Löwe** ♡
Tiger ☾	**Löwe** ☾
Tiger ☼	**Löwe** ☼

Sibirischer Tiger

Der Sibirische Tiger gehört zu der Familie der Großkatzen und lebt im Osten Russlands. Diese größte aller Raubkatzen ist ein Einzelgänger und erreicht häufig eine Länge von über 2,5 Metern. Sie wird 10 bis 15 Jahre alt. Der männliche Tiger wiegt im Durchschnitt 225 Kilogramm, das Weibchen dagegen nur 125 Kilogramm. Der Sibirische Tiger hat ein dickes und langes, rötlich-gelbes Fell mit schwarzen Streifen, das ihn vor niedrigen Temperaturen schützt. Das Fell am Bauch und an den Flanken ist weiß. Der Sibirische Tiger ist nachtaktiv. Mit seinem kräftigen Körper trägt er seine geschlagene Beute oft eine weite Strecke, um sie dann an einem ruhigen Ort fressen zu können. Seine Nahrung besteht aus Hirschen, Wildschweinen, Elchen, Luchsen und gelegentlich auch Bären. Das Tigerweibchen bringt nach einer Tragezeit von knapp vier Monaten meist drei bis sieben zunächst blinde Junge zur Welt. Nach einem Jahr begeben sich diese dann selbst auf die Jagd. Mit vier Jahren verlassen sie die Mutter und suchen sich ein eigenes Revier.

Löwe

Der Löwe gehört zu der Familie der Großkatzen und lebt in Afrika. Die zweitgrößte Raubkatze lebt im Rudel und erreicht eine Länge von etwa 2,2 Metern. Sie wird 14 bis 20 Jahre alt. Der männliche Löwe wiegt durchschnittlich 220 Kilogramm, das Weibchen dagegen nur 150 Kilogramm. Das kurze sandfarbene Fell des Löwen ist am Bauch etwas heller. Der männliche Löwe hat zudem von den Wangen bis zu den Schultern eine lange, meist dunkelbraune Mähne. Die dunklen Flecken auf dem Fell der Junglöwen verblassen meist schon im ersten Lebensjahr. Der Löwe geht in den frühen Morgenstunden auf die Jagd. Seine Nahrung besteht aus Antilopen, Gazellen, Büffeln und Zebras. Die Löwin bringt nach einer Tragezeit von vier Monaten in einem Versteck ein bis vier zunächst blinde Junge zu Welt. Erst nach etwa acht Wochen bringt sie die Jungen zum Rudel. Dort werden sie dann nicht nur von der Mutter, sondern auch von anderen weiblichen Löwen gesäugt und erzogen. Mit zweieinhalb Jahren verlassen sie die Mutter.

Fragen zu einem Text beantworten

		Zeit	Lernaktivitäten	Material	Kompetenzen
1	EA	10′	S lesen den Text „Das Sonnenland" und klären unbekannte Wörter.	M1.A1	– altersgemäße Texte sinnverstehend lesen – zentrale Aussagen eines Textes erfassen und wiedergeben – Aussagen mit Textstellen belegen – Fragen zum Text beantworten – auf Gesprächsbeiträge anderer eingehen – eigene Fragen zum Text entwerfen
2	EA	5′	S zeichnen mit Hilfe des Textes die Flagge des Sonnenlandes und malen sie an.	M1.A2	
3	EA	10′	S beantworten mit Hilfe des Textes die Fragen.	M1.A3	
4	GA	10′	S kontrollieren in einer Zufallsgruppe ihre Ergebnisse.	M1.A4 M2	
5	GA	15′	S überlegen sich weitere Fragen zu dem Text und schreiben sie jeweils mit Antwort auf.	M1.A5, je 2 Blätter pro Gruppe	

Erläuterungen zur Lernspirale

Ziel der Stunde ist es, dass die Schüler den Text inhaltlich erfassen und Fragen dazu beantworten können.

Zum Ablauf im Einzelnen:
1. Arbeitsschritt: Die Schüler lesen den Text „Das Sonnenland" aufmerksam durch und klären unbekannte Wörter. Dies kann in einem gemeinsamen Gespräch oder in Eigenarbeit geschehen.
2. Arbeitsschritt: Jeder Schüler zeichnet die Flagge des Sonnenlandes und malt sie in den richtigen Farben an. Bei leistungsschwachen Schülern können als Hilfe die Textstellen mit den Informationen hierfür vorher im Plenum genannt und markiert werden.
3. Arbeitsschritt: Jeder Schüler beantwortet die Fragen mit Hilfe der Informationen im Text.
4. Arbeitsschritt: Die Schüler kontrollieren in Zufallsgruppen ihre Ergebnisse und korrigieren sie gegebenenfalls. Zur Eigenkontrolle kann den Schülern die Lösung angeboten werden: M2. Für die Gruppeneinteilung bietet sich aus Zeitgründen das Durchzählen an. Die Gruppen sollten jedoch aus nicht mehr als vier Schülern bestehen.
5. Arbeitsschritt: Die Schüler entwerfen weitere Fragen zu dem Text. Die Fragen und die entsprechenden Antworten sollten dabei auf separate Blätter geschrieben werden. So können die Gruppen anschließend ihre Fragen austauschen und die Frageblätter als Kontrollblätter verwenden.

Differenzierungsmöglichkeit:
Sollte das Erstellen eigener Fragen für leistungsschwache Schüler eine Überforderung darstellen, kann die Lehrkraft auch weitere Fragen zur Beantwortung vorbereiten.

Hinweise zur Weiterarbeit:
- Die Schüler erhalten die Aufgabe, einen Text zu einem Fantasieland zu erstellen und dazu Fragen zu entwerfen. Diese können dann in Gruppen ausgetauscht und beantwortet werden.
- Sind in der Klasse die Kriterien zur Erstellung eines Spickzettels und zum Halten eines Vortrags bekannt, können die Schüler mit Hilfe dieser Informationen einen Spickzettel zu den Fantasieländern schreiben und damit einen Vortrag vor der Klasse halten.
- Sind in der Klasse die Kriterien zur Gestaltung eines Plakats bekannt, können die Schüler in gelosten Gruppen jeweils ein Plakat zu den Ländern erstellen, welches anschließend von den Schülern bewertet werden kann.

✓ **Merkposten**

zur Vorbereitung

▶ **Lösung**

M2 als Aushang einmal oder für jede Gruppe kopieren.

▶ **Differenzierung**

Vorbereitung weiterer Fragen zum Text.

▶ **Weiterarbeit**

LS 03.M3 (S. 16 unten) aus „Alternative Schreibformen" zur Bewertung der Vorträge in entsprechender Zahl kopieren.

Notizen:

2 Finde die Antwort

A1 Lies den Text aufmerksam durch, und kläre unbekannte Wörter.

Das Sonnenland

Das Sonnenland wurde am 7. 7. 1777 gegründet. Es liegt zusammen mit sechs anderen Ländern auf dem gelben Streifen des Regenbogens und ist daher meist von der Erde aus nicht zu sehen. Die Sandwüste um die Länder herum ist kahl und hügelig.

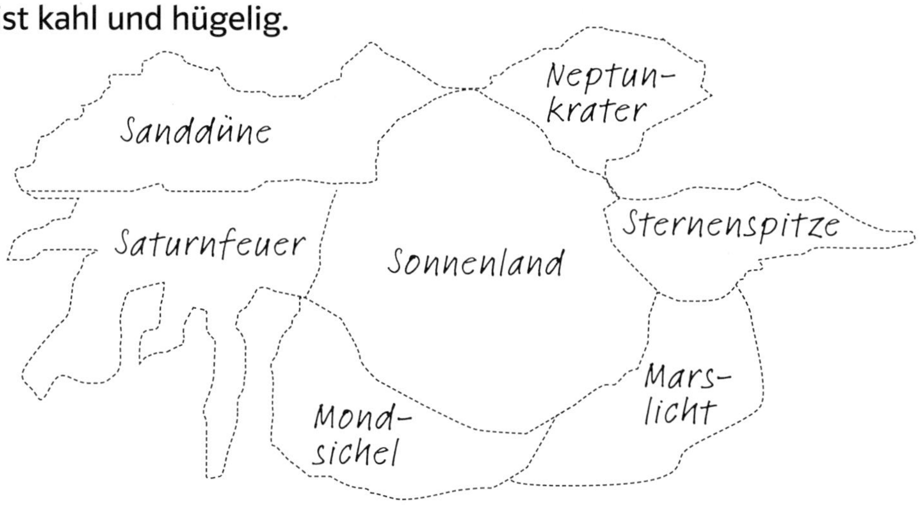

Die zweifarbige Nationalflagge des Sonnenlandes besteht aus drei gleich großen Querbalken. Dabei wird der mittlere gelbe Balken von zwei grünen Balken eingerahmt. In der linken Ecke des oberen Balkens befindet sich eine gelbe Sonne. Die Hauptstadt des Sonnenlandes wurde nach dem altgriechischen Sonnengott Helios benannt. Ihm zu Ehren finden hier jedes Jahr die berühmten Sonnenspiele der Regenbogenländer statt. Mit über 2 Millionen Einwohnern und fast 300 km² ist Helios die einwohnerreichste und flächengrößte Stadt des Landes. Von 10:00 bis 15:00 Uhr herrschen in der Regel im ganzen Land Temperaturen von 35°C bis 45°C. Wegen dieser extremen Hitze herrscht zu dieser Zeit ein generelles Arbeitsverbot. Der 6-stündige Unterricht in den Schulen beginnt daher auch erst um 16:00 Uhr.

A2 Zeichne die Flagge des Sonnenlandes.
Male sie dann in den richtigen Farben an.

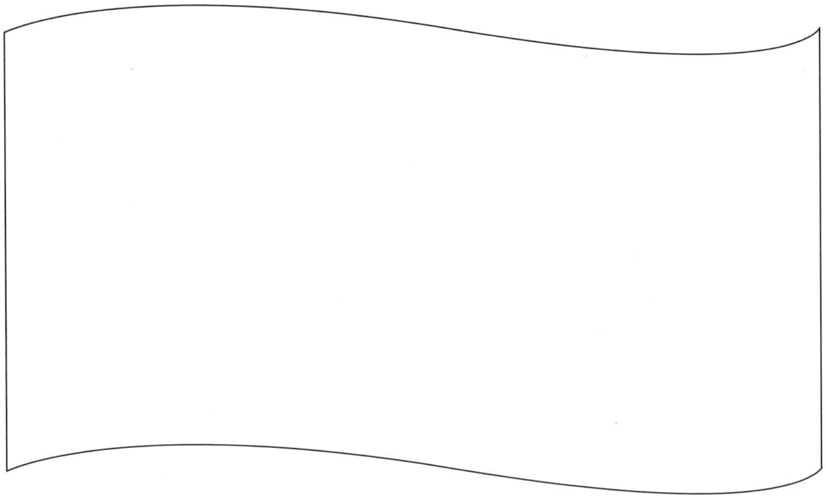

Flagge des Sonnenlandes

A3 Beantworte die folgenden Fragen.

a) Wann wurde das Sonnenland gegründet? ______

b) Welches Land liegt im Westen des Sonnenlandes? ______

c) Nach wem wurde die Hauptstadt des Sonnenlandes benannt? ______

d) Wie viele Einwohner hat Helios? ______

e) Um wie viel Uhr beginnt der Unterricht für die Kinder im Sonnenland? ______

f) Wann herrscht im Sonnenland ein generelles Arbeitsverbot? ______

g) Wo genau liegt das Sonnenland? ______

h) Ordne auf einem Blatt das Sonnenland und seine Nachbarländer nach dem Alphabet.

A4 Vergleicht eure Ergebnisse in der Gruppe.

A5 Überlegt euch weitere Fragen zu dem Text.

Lösungen zu den Arbeitsschritten 2 und 3

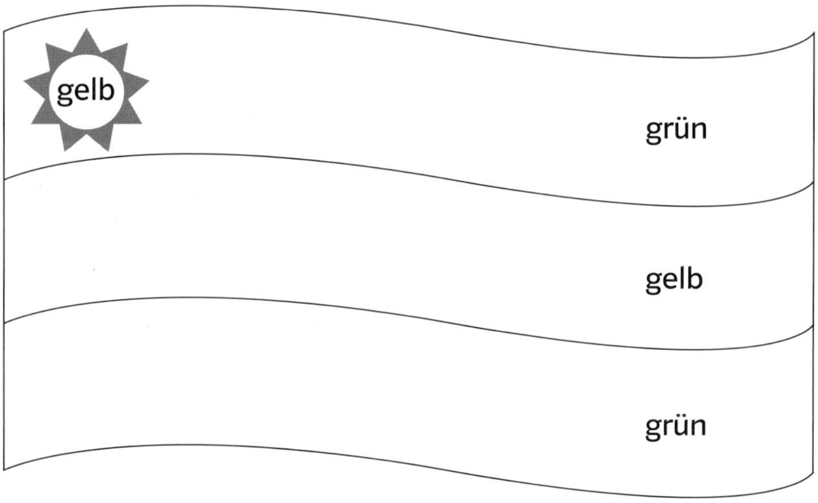

a) Wann wurde das Sonnenland gegründet? **Am 7. 7. 1777.**

b) Welches Land liegt im Westen des Sonnenlandes? **Das Land Saturnfeuer.**

c) Nach wem wurde die Hauptstadt des Sonnenlandes benannt?
Nach dem altgriechischen Sonnengott Helios.

d) Wie viele Einwohner hat Helios? **2 Millionen.**

e) Um wie viel Uhr beginnt der Unterricht für die Kinder im Sonnenland?
Um 16:00 Uhr.

f) Wann herrscht im Sonnenland ein generelles Arbeitsverbot?
Von 10:00 bis 15:00 Uhr.

g) Wo genau liegt das Sonnenland? **Auf dem gelben Streifen des Regenbogens.**

h) Ordne auf einem Blatt das Sonnenland und seine Nachbarländer nach dem Alphabet.

Marslicht
Mondsichel
Neptunkrater
Sanddüne
Saturnfeuer
Sonnenland
Sternenspitze

Fragen zu einem Text erstellen

		Zeit	Lernaktivitäten	Material	Kompetenzen
1	PL	10′	S lesen die Unfallschilderung durch und klären evtl. unbekannte Wörter.	M1.A1	- altersgemäße Texte sinnverstehend lesen - zentrale Aussagen eines Textes erfassen und wiedergeben - Aussagen mit Textstellen belegen - aktiv zuhören - Fragen stellen
2	EA	15′	Jeder S schreibt fünf Fragen auf, die mit Hilfe des Textes beantwortet werden können.	M1.A2	
3	EA	5′	S unterstreichen die Textstellen in der Unfallschilderung, mit deren Hilfe ihre Fragen beantwortet werden können.	M1.A3	
4	EA	10′	S schreiben drei Fragen auf, die nicht mit Hilfe des Textes beantwortet werden können.	M1.A4	
5	GA	10′	S stellen sich in gelosten Gruppen gegenseitig ihre Fragen und lassen sich die Antworten mit Textstellen belegen.	M1.A5	
			Lernzielkontrolle	M2	

Erläuterungen zur Lernspirale

Ziel der Stunde ist es, dass die Schüler den Text inhaltlich erfassen und dazu Fragen formulieren, deren Antworten sie mit Textstellen belegen können.

Zum Ablauf im Einzelnen:

1. Arbeitsschritt: Jeder Schüler liest die Unfallschilderung aufmerksam durch und klärt eventuell unbekannte Wörter.

2. Arbeitsschritt: Jeder Schüler schreibt fünf Fragen zu dem Text in sein Schülerheft.

3. Arbeitsschritt: Die Textstellen mit den Antworten zu ihren Fragen unterstreichen die Schüler im Text. Dies hilft ihnen im Arbeitsschritt 4, wenn sie von ihren Mitschülern die Fragen beantworten lassen.

4. Arbeitsschritt: Die Schüler schreiben drei Fragen auf, die nicht mit Hilfe des Textes beantwortet werden können.

5. Arbeitsschritt: In Zufallsgruppen stellen sich die Schüler gegenseitig ihre Fragen und lassen sich die Antworten mit Textstellen belegen.

Lernzielkontrolle

Zur Durchführung einer Lernzielkontrolle erhalten die Schüler jeweils eine Unfallschilderung (M2), zu der sie Fragen aufschreiben sollen, deren Antworten sie mit Textstellen belegen können.

Hierfür können die beiden Unfallschilderungen auf verschiedene Art verwendet werden:

▶ Alle Schüler erhalten die Unfallschilderung 1 zur weiteren Übung. Unfallschilderung 2 wird für die Lernzielkontrolle verwendet. Jeder Schüler erstellt hierbei Fragen und schreibt die jeweils dazu passende Antwort aus dem Text auf.

▶ Es werden zwei Gruppen gebildet. Die Schüler der einen Gruppe erhalten Unfallschilderung 1, die der anderen Gruppe Unfallschilderung 2. Jeder Schüler erstellt nun Fragen zu dem jeweiligen Text, die danach von Mitgliedern der anderen Gruppen beantwortet und mit Textstellen belegt werden müssen.

Hinweise zur Weiterarbeit:

- Mit Hilfe der vorliegenden Unfallschilderungen können Kriterien für eine Unfallschilderung erarbeitet und eigene Unfallschilderungen – evtl. an Hand von Bildvorlagen – geschrieben werden.
- Auch zu diesen Schilderungen können dann Fragen erstellt werden, die sich die Schüler gegenseitig beantworten und mit Textstellen belegen lassen.

Notizen:

✓ **Merkposten**

zur Vorbereitung

▶ Gruppeneinteiluung

Zur schnellen Bildung der Zufallsgruppen im Arbeitsschritt 7 eignet sich das Durchzählen.

▶ Lernzielkontrolle

M2 in entsprechender Anzahl kopieren.

3 Fragen stellen

A1 Lies den Text aufmerksam durch. Kläre unbekannte Wörter.

Ein Unfall

Ich heiße Tom Schneider und war am 11. Juli 2008 Augenzeuge des folgenden Unfalls.
Meine Schwester Tina und ich fuhren um 7:30 Uhr mit meiner Mutter Eva Schneider im Auto nach Schöntal zur Schule.
In der Schulstraße fuhr ein grünes Motorrad der Marke BMW mit dem Kennzeichen DM-S 44 an einem parkenden Auto vorbei. Dadurch kam es uns auf der falschen Fahrbahn entgegen.
Der Motorradfahrer Basti Müller erwischte unser Auto links vorn an der Stoßstange. Durch den Zusammenstoß kippte das Motorrad um, und Herr Müller wurde auf die Fahrbahn geschleudert.
Meine Mutter rief mit dem Handy sofort die Polizei und den Rettungsdienst an.
Der Notarzt war fünf Minuten später am Unfallort und untersuchte Herrn Müller. Da er über starke Schmerzen im Bein klagte, ließ der Arzt ihn ins Krankenhaus bringen.
Die Polizei nahm den Unfall auf und benachrichtigte ein Abschleppunternehmen.

A2 Schreibe fünf Fragen auf, die man mit Hilfe des Textes beantworten kann.

Wann passierte der Unfall?

1. ______________________________

____

2. ______________________________

____

3. ______________________________

____

4. ______________________________

____

5. ______________________________

____

A3 Unterstreiche die Antworten zu deinen Fragen im Unfallbericht.

A4 Schreibe drei Fragen auf, die man nicht mit Hilfe des Textes beantworten kann.

1. ______________________________

____

2. ______________________________

____

3. ______________________________

____

A5 Stellt euch in der Gruppe gegenseitig eure Fragen aus Aufgabe 2.

Lernzielkontrolle

Unfall 1

Unfall in der Sonnenschule

Am Montag, den 22. Mai 2008, klingelte es um 10:15 Uhr in der Sonnenschule zur Bewegungspause. Die Kinder der Klasse 3a stürmten aus ihrem Klassenzimmer im zweiten Stock des Schulgebäudes.
Auf der dritten Treppenstufe wollte Jens seine Klassenkameraden Peter und Karin überholen. Dabei stolperte er über seinen offenen Schnürsenkel. Er konnte sich nicht am Geländer festhalten und fiel kopfüber 15 Treppenstufen hinunter. Dort blieb er regungslos liegen.
Karin lief zu ihm. Jens war nicht bewusstlos, sodass sie mit ihm sprechen konnte. Er klagte über starke Schmerzen in der rechten Schulter. Auch begann sein rechtes Handgelenk anzuschwellen, und er hatte Schwierigkeiten, die Hand zu bewegen.
Paul hatte den Unfall von oben beobachtet. Er lief zu der Lehrerin, Frau Sicher, und berichtete, was passiert war.
Frau Sicher bat den Konrektor, einen Krankenwagen zu rufen. Danach brachte sie Jens mit Hilfe von Paul und Peter in das Arztzimmer der Schule. Dort legten sie ihn auf die Krankenliege und kühlten seine Hand mit einem Eispack.
Nach zehn Minuten war der Krankenwagen da. Nachdem den Sanitätern der Unfallhergang geschildert worden war, brachten sie den Verletzten in die Unfallklinik.

Unfall 2

Unfall in der Bahnhofstraße

Am Freitag, den 10. Juni 2008, holte Jonas seinen Freund Silas um 7:30 Uhr mit dem Fahrrad ab. Dieser wohnte in Ludwigsburg in der Bahnhofstraße 3. Gemeinsam machten sie sich auf den Weg zur Schule.
Unterwegs winkten sie in der Schulstraße ihren Klassenkameradinnen Tine und Marie mit beiden Händen zu. Dabei übersah Jonas einen kleinen Stein auf der Straße. Als sein Vorderreifen daran stieß, kam das Fahrrad ins Schleudern und kippte um. Jonas fiel vom Rad und landete mit dem rechten Ellenbogen auf der Gehwegkante.
Die beiden Mädchen liefen zu ihm. Er klagte über starke Schmerzen im Ellenbogen. Auch begann sein rechtes Fußgelenk anzuschwellen, und er hatte Schwierigkeiten, den Fuß zu bewegen.
Silas hielt einen grünen Audi mit dem Kennzeichen LB–AM 22 an. Der Fahrer, Herr Müller, rief mit seinem Handy sofort den Krankenwagen. Dieser war innerhalb von fünf Minuten an der Unfallstelle.
Nachdem den Sanitätern der Unfallhergang geschildert worden war, brachten sie den Verletzten ins Städtische Krankenhaus.

Fehler in einem Text finden und korrigieren

		Zeit	Lernaktivitäten	Material	Kompetenzen
1	EA	15′	S lesen den Text „Informationen zum Schullandheimaufenthalt“ sowie die Angaben auf Seite 51 durch und markieren Wörter, die in diesem Zusammenhang keinen Sinn ergeben.	M1.A1	- altersgemäße Texte sinnverstehend lesen - handelnd mit Texten umgehen - sprachliche Operationen nutzen - Anliegen mit anderen diskutieren - Texte verfassen
2	PA	10′	S vergleichen mit einem Zufallspartner ihre Markierungen.	M1.A2	
3	EA	15′	S ersetzen die Markierungen durch sinnvolle Wörter.	M1.A3 M2	
4	GA	20′	In Zufallsgruppen stellen sich die S gegenseitig ihre Ergebnisse vor.	M1.A4 M3	
5	EA	20′	S erstellen Texte, in welchen jeweils fünf Wörter keinen Sinn ergeben.	M1.A5	
6	PA	20′	S tauschen ihre Texte aus und ersetzen die sinnlosen Wörter durch sinnvolle.	M1.A6	

Erläuterungen zur Lernspirale

Ziel der Doppelstunde ist es, dass die Schüler den Text inhaltlich erfassen, Fehler darin finden und diese sinnvoll korrigieren.

Zum Ablauf im Einzelnen:
1. Arbeitsschritt: Jeder Schüler liest den Text „Informationen zum Schullandheimaufenthalt“ durch und markiert Wörter, die keinen Sinn ergeben. Zur Differenzierung kann der Lehrer die Schüler allein arbeiten lassen oder ihnen die Anzahl der notwendigen Markierungen vorgeben.
2. Arbeitsschritt: Die Schüler vergleichen mit einem Zufallspartner ihre markierten Wörter.
3. Arbeitsschritt: Die Schüler ersetzen nun die Markierungen durch sinnvolle Wörter.
4. Arbeitsschritt: Die Schüler stellen sich in Zufallsgruppen ihre korrigierten Texte vor. Sollten die Schüler selbstständig gearbeitet haben, werden sie feststellen, dass es mehrere sinnvolle Lösungsmöglichkeiten gibt. Zur Bildung der Gruppen eignet sich das Durchzählen.
5. Arbeitsschritt: Jeder Schüler erstellt zu einem frei gewählten Thema einen Text, in welchen 5 Wörter einbaut werden sollen, die keinen Sinn ergeben.
6. Arbeitsschritt: Schüler tauschen ihre Texte aus und ersetzen die sinnlosen Wörter.
Auch hier können die Schüler selbstständig arbeiten. Der Lehrer kann zur Differenzierung jedoch auch sinnvolle Wörter unsortiert vorgeben, welche die Schüler dann entsprechend einsetzen (M2). Ebenso besteht die Möglichkeit, Schülern den Lösungsvorschlag zur Selbstkontrolle anzubieten (M3).

✓ **Merkposten**
zur Vorbereitung

▶ **Lösungswörter**
M2 – Vorschläge in Form von Wortkarten zum Aushang vorbereiten oder abgebildeten Kasten kopieren.

▶ **Lösungsvorschlag**
M3 als Aushang (für leistungsschwache Schüler) kopieren.

Lösungsvorschlag zu Arbeitsschritt 3

LS 04.M2

14. begrüßt Abfahrt Abendessen Ritter

abgezogen Heimordnung Schullandheimaufenthalt

Lehrer Briefkasten 55 Euro Turnschuhe

Zielwurf Steine Montagmorgen

4 Was stimmt hier nicht?

A1 Lies den Text genau durch. Markiere die 13 Wörter und die beiden Zahlen, die keinen Sinn ergeben.

Informationen zum Schullandheimaufenthalt

Liebe Kinder der 4. Klassen,

hier noch ein paar Informationen zu unserem Wanderausflug von Montag, dem 12. Juni, bis Mittwoch, dem 4. Juni, zur Jugendherberge Schönhausen.

Wir treffen uns am Dienstagmorgen um 7:00 Uhr an der Schule. Von dort fahren wir mit dem Bus los. Am Zielort werden wir von den Jugendherbergseltern verabschiedet. Sie werden euch die Zimmer zuweisen und die Schulordnung erklären.

Nach dem Mittagessen steigen wir gemeinsam auf die nahe gelegene Burg „Sommerstein". Dort erfahrt ihr einiges über das Leben der Seeräuber und nehmt an einer Burgrallye teil. Hierfür sollt ihr Badeschlappen mitnehmen, da der Boden der Burg ziemlich uneben ist und ihr mit offenen Schuhen leicht den Halt verlieren könnt.

Auf dem Rückweg sammeln wir einige kleine Kräuter für den Bewegungsparcours am nächsten Tag. Vorgesehen sind dabei unter anderem Seilspringen, Torwandschießen, Stelzenlauf, Dosenwerfen und ein Mal-Wettbewerb.

Bettruhe ist jeweils nach dem Frühstück gegen 21:30 Uhr!

Vor der Heimfahrt am Mittwoch müssen die Betten bezogen und die Zimmer aufgeräumt werden. Die Zimmerschlüssel können bei den Herbergseltern an der Rezeption in den Mülleimer geworfen werden.

Die Kosten für die Busfahrt und den Aufenthalt betragen 0,55 Euro. Dieser Betrag muss bis Freitag vor der Heimfahrt bei den Klassenlehrern abgegeben werden.

Wir freuen uns auf den gemeinsamen Aufenthalt – Eure Eltern

Juni

Mo	Di	Mi	Do	Fr	Sa	So
			1	2	3	4
5	6	7	8	9	10	11
12	13	14	15	16	17	18
19	20	21	22	23	24	25
26	27	28	29	30		

Geräte für den Bewegungsparcours

- 5 Fußbälle
- 10 Springseile
- 20 Stelzen
- 30 Dosen
- 30 kleine Steine

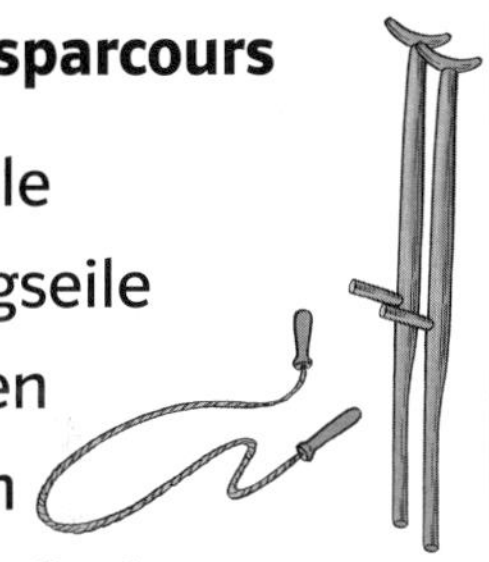

Kostenaufstellung für den Schullandheimaufenthalt

Busfahrt:  8,50 €/Kind

2 Übernachtungen inkl. Vollpension  46,50 €/Kind

55,00 €/Kind

Zielwurf – Wettbewerb

Name	Punkte
Tim	
Luca	
Lisa	
Silas	
Mona	
Max	
Susi	
Marie	

Frühstück: 7:00 – 9:00 Uhr
Mittagessen: 12:00 – 14:00 Uhr
Abendessen: 18:00 – 20:00 Uhr

A2 Vergleiche mit einem Zufallspartner deine Markierungen.

A3 Ersetze die Markierungen durch sinnvolle Wörter.

A4 Stellt euch in Zufallsgruppen eure Ergebnisse vor.

A5 Erstelle einen Text, in den du fünf Wörter einbaust, die keinen Sinn ergeben.

A6 Tauscht eure Texte mit Zufallspartnern. Korrigiert sie gegenseitig.

Lösung zu Arbeitsschritt 4

Informationen zum Schullandheimaufenthalt

Liebe Kinder der 4. Klassen,

hier noch ein paar Informationen zu unserem Schullandheimaufenthalt von Montag, dem 12. Juni, bis Mittwoch, dem 14. Juni, zur Jugendherberge Schönhausen.

Wir treffen uns am Montagmorgen um 7:00 Uhr an der Schule. Von dort fahren wir mit dem Bus los. Am Zielort werden wir von den Jugendherbergseltern begrüßt. Sie werden euch die Zimmer zuweisen und die Heimordnung erklären.

Nach dem Mittagessen steigen wir gemeinsam auf die nahe gelegene Burg „Sommerstein". Dort erfahrt ihr einiges über das Leben der Ritter und nehmt an einer Burgrallye teil. Hierfür sollt ihr Turnschuhe mitnehmen, da der Boden der Burg ziemlich uneben ist und ihr mit offenen Schuhen leicht den Halt verlieren könnt.

Auf dem Rückweg sammeln wir einige kleine Steine für den Bewegungsparcours am nächsten Tag. Vorgesehen sind dabei unter anderem Seilspringen, Torwandschießen, Stelzenlauf, Dosenwerfen und ein Zielwurf-Wettbewerb.

Bettruhe ist jeweils nach dem Abendessen gegen 21:30 Uhr!

Vor der Heimfahrt am Mittwoch müssen die Betten abgezogen und die Zimmer aufgeräumt werden. Die Zimmerschlüssel können bei den Herbergseltern an der Rezeption in den Briefkasten geworfen werden.

Die Kosten für die Busfahrt und den Aufenthalt betragen 55 Euro. Dieser Betrag muss bis Freitag vor der Abfahrt bei den Klassenlehrern abgegeben werden.

Wir freuen uns auf den gemeinsamen Aufenthalt – Eure Lehrer

Einen Text gliedern

		Zeit	Lernaktivitäten	Material	Kompetenzen
1	EA	10′	S lesen den Text „Abwasserreinigung in der Kläranlage" durch und bringen die Textabschnitte in eine sinnvolle Reihenfolge.	M1.A1	- altersgemäße Texte sinnverstehend lesen - handelnd mit Texten umgehen - Texte zweckmäßig und übersichtlich gestalten - Wörter nachschlagen - Stichpukte verfassen - Ergebnisse kontrollieren
2	EA	15′	S ordnen den Textabschnitten die jeweils passende Überschrift zu.	M1.A2	
3	PA	10′	Zufallspartner kontrollieren gegenseitig ihre Gliederungen.	M1.A3 M2	
4	EA	15′	S schreiben zu den Bildern die entsprechenden Überschriften und jeweils eine Kurzfassung der dazugehörenden Textabschnitte.	M1.A4	
5	GA	15′	In Zufallsgruppen vergleichen die S ihre Ergebnisse.	M1.A5	
6	GA	15′	In der Gruppe notieren die S Möglichkeiten, einen Text sinnvoll und übersichtlich zu gliedern.	M1.A6	
7	PL	20′	S stellen ihre Gliederungsmöglichkeiten im Plenum vor.	M1.A7	

Erläuterungen zur Lernspirale

Ziel der Doppelstunde ist es, dass die Schüler den Text inhaltlich erfassen und sinnvolle Gliederungsmöglichkeiten eines Textes finden.

Zum Ablauf im Einzelnen:

1. Arbeitsschritt: Jeder Schüler liest den Text „Abwasserreinigung" durch. Unbekannte Wörter können im Plenum geklärt oder nachgeschlagen werden. Danach bringt jeder Schüler die Textabschnitte in eine sinnvolle Reihenfolge. Hierfür kann den Schülern der Hinweis gegeben werden, die Textabschnitte zu nummerieren.

2. Arbeitsschritt: Jeder Schüler ordnet jedem Textabschnitt die passende Überschrift zu. Eine mögliche Darstellung ist hier das Zufügen der Textabschnittsnummer zur jeweiligen Überschrift.

3. Arbeitsschritt: Die Schüler kontrollieren mit einem Zufallspartner ihre Ergebnisse. Zur Selbstkontrolle kann den Schülern der geordnete Text mit passenden Überschriften zur Verfügung gestellt werden: M2.

4. Arbeitsschritt: Die Schüler ordnen den Bildern die entsprechenden Überschriften zu und schreiben in Stickpunkten den passenden Text dazu. Auf diese Weise wiederholen sie den Inhalt des Gelesenen und können eventuell falsche Gliederungen korrigieren.

5. Arbeitsschritt: In Zufallsgruppen vergleichen die Schüler ihre Ergebnisse. Die Gruppen können aus Zeitgründen durch Abzählen gebildet werden.

6. Arbeitsschritt: In den Gruppen notieren die Schüler Möglichkeiten, einen Text sinnvoll und übersichtlich zu gliedern.

7. Arbeitsschritt: Die Schüler stellen ihre Vorschläge im Plenum vor.

Hinweise zur Weiterarbeit:

- **Kläranlage**
  Die Schüler führen die Versuche zur Kläranlage durch (M3) und ordnen sie den entsprechenden Prozessen zu.
  Zu den durchgeführten Versuchen können jeweils Versuchsprotokolle angefertigt werden.
- **Gliederung von Texten**
  Zur weiteren Übung können den Schülern weitere Texte angeboten werden, die sie mit Hilfe ihrer erarbeiteten Vorschläge gliedern.
  Dazu bietet sich auch die nächste Einheit LS 06 an.

✓ **Merkposten**

zur Vorbereitung

▶ **Geordneter Text**

M2: Zur Kontrolle von Arbeitsschritt 1 und 2 und für weitere Verwendung laminieren.

▶ **Weiterarbeit**

M3 zur Versuchsdurchführung in entsprechender Anzahl kopieren und entsprechende Materialien bereitstellen.

Notizen:

5 Finde die richtige Reihenfolge

A1 In diesem Text sind die Abschnitte vertauscht worden. Lies den Text genau durch, und bringe ihn in eine sinnvolle Reihenfolge.

Abwasserreinigung in der Kläranlage

☐ Im anschließenden Sandfang befindet sich ein Absetzbecken. Dort senken sich kleine Steine und Sand durch ihr Gewicht ab und können am Boden des Beckens abgepumpt werden.

☐ Das fast schon klare Wasser wird nun durch das letzte, das sogenannte Nachklärbecken, geleitet. Hier sickert es langsam durch Sand und andere Filterstoffe.

☐ Durch tief in der Erde liegende Kanalrohre wird das Schmutzwasser zu der ersten Station in der Kläranlage, dem Rechenhaus, gepumpt. Das Abwasser wird hier durch einen elektrischen Rechen oder eine Siebtrommel geleitet. Dabei bleiben grobe Verschmutzungen wie Windeln, Wattestäbchen und Plastiktüten hängen.

☐ Nun kann das gereinigte Wasser in Flüsse, Bäche und Seen geleitet werden.

☐ Nach der Weiterleitung in das Belebungsbecken erfolgt die biologische Reinigung des Wassers. Hier werden die meisten Schmutzstoffe von Bakterien aufgefressen. Damit sich diese zahlreich vermehren können, wird ständig Luft in das Wasser geblasen.

☐ Aus dem Sandfang fließt das immer noch trübe Wasser durch das Vorklärbecken. Hier setzt sich Schlamm auf dem Boden ab, und Fettreste, die auf der Oberfläche schwimmen, werden abgesaugt. Danach ist die mechanische Wasserreinigung beendet.

A2 Ordne jedem Textabschnitt die richtige Überschrift zu.

☐ Sandfang ☐ Vorklärbecken ☐ Rechenhaus

☐ Nachklärbecken ☐ Bäche und Flüsse ☐ Belebungsbecken

A3 Kontrolliere zusammen mit einem Zufallspartner deine Gliederung.

A4 Schreibt zu den Bildern die passenden Überschriften und jeweils eine Kurzfassung des zugehörigen Textes.

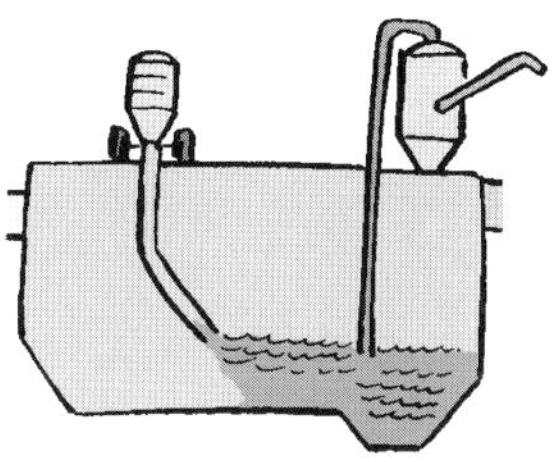

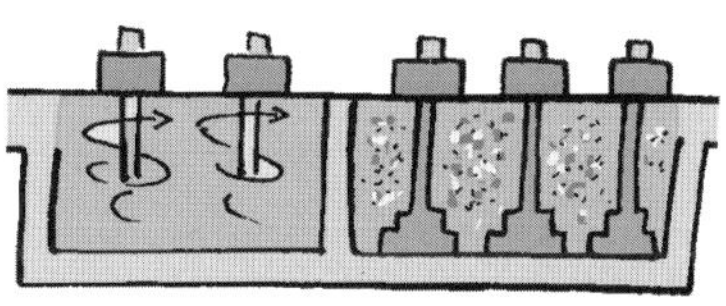

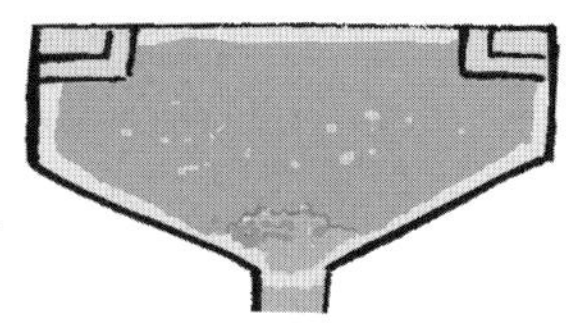

A5 Vergleicht eure Ergebnisse in der Gruppe.

A6 Findet Möglichkeiten, einen Text übersichtlich zu gliedern.

A7 Stellt eure Vorschläge im Plenum vor.

Geordneter Text mit Überschriften

Abwasserreinigung in der Kläranlage

1 **Rechenhaus**
Durch tief in der Erde liegende Kanalrohre wird das Schmutzwasser zu der ersten Station in der Kläranlage, dem Rechenhaus, gepumpt. Das Abwasser wird hier durch einen elektrischen Rechen oder eine Siebtrommel geleitet. Dabei bleiben grobe Verschmutzungen wie Windeln, Wattestäbchen und Plastiktüten hängen.

2 **Sandfang**
Im anschließenden Sandfang befindet sich ein Absetzbecken. Dort senken sich kleine Steine und Sand durch ihr Gewicht ab und können am Boden des Beckens abgepumpt werden.

3 **Vorklärbecken**
Aus dem Sandfang fließt das immer noch trübe Wasser durch das Vorklärbecken. Hier setzt sich Schlamm auf dem Boden ab, und Fettreste, die auf der Oberfläche schwimmen, werden abgesaugt. Danach ist die mechanische Wasserreinigung beendet.

4 **Belebungsbecken**
Nach der Weiterleitung in das Belebungsbecken erfolgt die biologische Reinigung des Wassers. Hier werden die meisten Schmutzstoffe von Bakterien aufgefressen. Damit sich diese zahlreich vermehren können, wird ständig Luft in das Wasser geblasen.

5 **Nachklärbecken**
Das fast schon klare Wasser wird nun durch das letzte, das sogenannte Nachklärbecken, geleitet. Hier sickert es langsam durch Sand und andere Filterstoffe.

6 **Bäche und Flüsse**
Nun kann das gereinigte Wasser in Flüsse, Bäche und Seen geleitet werden.

Versuche zur Kläranlage

Versuch 1: **Rechenhaus**

Materialien:

- 1 Glas
- Wasser
- Erde
- Wattestäbchen
- Plastikteile
- Toilettenpapier
- 1 Sieb

Versuchsanleitung:

Fülle das Wasser in das Glas. Rühre die Erde, die Wattestäbchen, das Toilettenpapier und die Plastikteile in das Wasser.
Führe das Sieb durch das Wasser. Schreibe deine Beobachtungen auf.

Versuch 2: **Sandfang**

Materialien:

- 1 Glas
- Wasser
- kleine Steine
- grober Sand
- feiner Sand

Versuchsanleitung:

Fülle das Wasser in das Glas. Rühre die Steine und den Sand in das Wasser.
Lass das Glas nun ruhig stehen. Schreibe deine Beobachtungen auf.

Versuch 3: **Vorklärbecken**

Materialien:

- 1 Glas
- Wasser
- Öl

Versuchsanleitung:

Fülle das Wasser in das Glas. Rühre das Öl in das Wasser.
Lass das Glas nun ruhig stehen. Schreibe deine Beobachtungen auf.

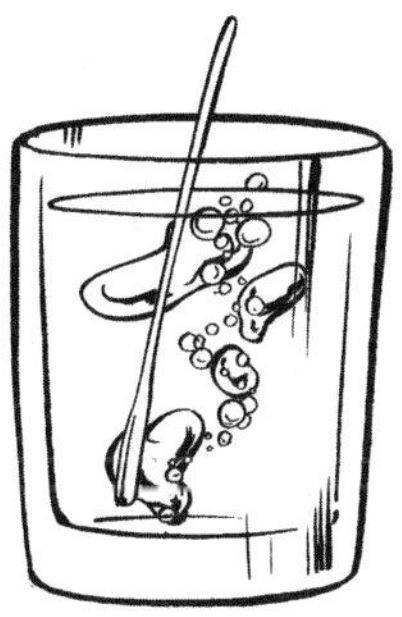

Einen Text darstellen

		Zeit	Lernaktivitäten	Material	Kompetenzen
1	EA	15′	S lesen den Zeitungsartikel und klären unbekannte Wörter.	M1.A1	– altersgemäße Texte sinnverstehend lesen – handelnd mit Texten umgehen – Informationen sammeln – eigene Meinung formulieren und begründen – Ergebnisse vergleichen – zielgerichtet arbeiten und kooperieren – ein Plakat erstellen
2	EA	10′	Jeder S unterteilt den Text in Sinnabschnitte und schreibt dazu eine passende Überschrift auf.	M1.A2	
3	PA	10′	S gleichen ihre Gliederung ab und schreiben Ideen für die Gestaltung eines Werbeplakats auf.	M1.A1 M2, Lose	
4	GA	50′	S einigen sich in Zufallsgruppen auf die Gestaltung und fertigen das Plakat an.	M1.A4, Material für Plakate	
5	PL	15′	Die Schülergruppen stellen sich ihre Plakate gegenseitig vor.	M1.A5	

Erläuterungen zur Lernspirale

✓ **Merkposten zur Vorbereitung**

▶ **Lose**

Für die Partnereinteilung die Lose M2 auf zwei verschiedenfarbige Papiere kopieren und für die weitere Verwendung laminieren.

Die Gruppeneinteilung erfolgt durch Zusammenführung gleicher Symbolgruppen.

Ziel der Doppelstunde ist es, dass die Schüler den Text inhaltlich erfassen und den Inhalt nach einer Gliederung auf einem Plakat darstellen.

Zum Ablauf im Einzelnen:

1. Arbeitsschritt: Die Schüler lesen den Zeitungsartikel und klären unbekannte Wörter. Dies kann in einem gemeinsamen Gespräch erfolgen.

2. Arbeitsschritt: Jeder Schüler unterteilt den Text in Sinnabschnitte und schreibt dazu jeweils eine Überschrift auf.

3. Arbeitsschritt: Die Schüler gleichen ihre Gliederungen und Überschriften mit einem Zufallspartner ab. Daraufhin schreiben sie Ideen für die Gestaltung eines Werbeplakats für die Präsentation der Projektarbeiten der Schüler der Musterschule auf. – Zur Partnereinteilung: M2 (in doppelter Ausführung auf verschiedenfarbige Papierkopien). Jeweils gleiche Symbole ergeben die Partner.

4. Arbeitsschritt: Die Schüler einigen sich in Zufallsgruppen auf eine Darstellung des Textinhalts und fertigen ein Plakat an. Die Zufallsgruppen ergeben sich durch die Zusammenführung der „Häuser“, „Transportmittel“ und „Tiere“. Hierfür notwendige Materialien werden vom Lehrer bereitgestellt. Alternativ kann dieser Arbeitsschritt auf eine folgende Stunde verschoben werden. Die Schüler erhalten dann den Auftrag, sich vorbereitend selbstständig Materialien für die Plakatgestaltung zu beschaffen.

5. Arbeitsschritt: Die Schülergruppen stellen sich gegenseitig ihre Plakate vor.

Sind den Schülern die Kriterien einer Plakatgestaltung bekannt, können mit deren Hilfe die Plakate sowohl vom Lehrer als auch von den Schülern bewertet werden.

Notizen:

6 Ein Text wird zum Plakat

A1 Lies den Text aufmerksam durch, und kläre unbekannte Wörter.

Generalanzeiger Musterbach 20.06.2014

Projektwoche der GS Musterbach

Grundschüler entwerfen dabei auch ein eigenes Schulwappen

Gestern konnten die Eltern die Ergebnisse der vier Projektgruppen im Rahmen eines kleinen Schulfestes begutachten.

An großen Stellwänden hingen die Seiten eines Dorfführers für Kinder. Zur Sammlung von Informationen waren die Schüler dieser Projektgruppe an den ersten beiden Tagen im Dorf unterwegs. Sie besichtigten die beiden Kirchen, interviewten den Bauern, erkundeten das Angebot des Dorfladens, sahen dem Bäcker bei der Arbeit zu, verglichen die Speisekarten der beiden Gaststätten und ließen sich bei der Feuerwehr über Gefahren bei deren Einsätzen aufklären. An den zwei anderen Tagen erkundigten sie sich im Internet über die Entwicklung des Dorfes und die Entstehung eines Fachwerkhauses im Ort. Kinder der Projektgruppe „Dorfrallye“ waren auch viel im Ort unterwegs. Dabei fotografierten sie die Schule, die Kirche, den Sportplatz und sonstige Sehenswürdigkeiten. Dazu überlegten sie sich Fragen wie zum Beispiel: „Wie viele Fenster hat das Pfarrhaus in der Pfarrgasse?“ oder „Welches mittelalterliche Zunftzeichen hängt in der Bachstraße?“. Die Wegbeschreibungen zu den einzelnen Stationen schrieben die Kinder am Computer und scannten die entsprechenden Bilder dazu ein. So kann die Rallye bei Bedarf ergänzt oder verändert werden.

Ein großes Modell zeigt, wie die Schule und die nähere Umgebung aussehen. Dazu wurden von den Kindern der Projektgruppe „Modellbau“ aus Styroporklötzen Häuser gebaut und angemalt, die Straßen aus grauen Linoleumplatten ausgeschnitten und aufgeklebt, Gärten mit Kunstrasen ausgelegt und mit Zäunen aus Eisstielen umgeben. In der „Wappen“-Gruppe wurden zuerst das Ortswappen und die Wappen der Partnerstädte auf Puzzlevorlagen übertragen und ausgemalt. Anschließend entschieden sich die Kinder in Gruppen für mindestens ein Symbol aus jedem Wappen und zeichneten es auf Styroporplatten. Nach dem Aussägen eines Holzwappens ordneten sie die Symbole darauf an und malten sie mit den entsprechenden Farben an. Das schönste Wappen wird in Zukunft auf dem Briefkopf der kleinen Schule zu sehen sein.

A2 Unterteile den Text in Sinnabschnitte, indem du die entsprechenden zeilen angibst. Schreibe zu jedem Abschnitt eine passende Überschrift auf.

Die Überschrift fasst den Inhalt eines Textes oder Textabschnittes kurz zusammen.

A3 Schreibe Ideen für ein Werbeplakat auf. Das Thema ist die Präsentation der Projektarbeiten der Schüler der Grundschule Musterbach.

A4 Einigt euch in Zufallsgruppen auf eine Plakatgestaltung. Fertigt das Plakat an.

Thema des Plakats

Bilder zur Verdeutlichung

- große und saubere Schrift
- übersichtliche Anordnung
- möglichst viele Informationen auf einen Blick

Verwende für das Plakat einen großen farbigen Papierkarton.

A5 Stellt euch gegenseitig eure Plakate vor.

Lose

Sinnvolle Sätze bilden

		Zeit	Lernaktivitäten	Material	Kompetenzen
1	EA	10′	S lesen den Text genau durch und streichen in jedem Satz ein überflüssiges Wort durch.	M1.A1	– altersgemäße Texte sinnverstehend lesen – sprachliche Operationen nutzen – Informationen in Druck- und (wenn vorhanden) elektronischen Medien suchen – auf Gesprächsbeiträge anderer eingehen – Ergebnisse austauschen
2	PA	10′	S vergleichen ihre Ergebnisse mit einem Zufallspartner und lesen sich den korrigierten Text gegenseitig vor. (Kontrolle/Lösung: M2)	M1.A2 M2	
3	EA	15′	S besorgen sich weitere Informationen zum Thema „Skelett".	M1.A3, Lexika	
4	PA	15′	Mit Hilfe der Informationen entwerfen die S in Partnerarbeit einen Text, wobei sie in jeden Satz ein überflüssiges Wort einfügen.	M1.A4	
5	GA	10′	S tauschen in Zufallsgruppen ihre Texte aus.	M1.A5	
6	EA	10′	Jeder S ergänzt im Text „Die Gelenke" fehlende Wörter.	M1.A6	
7	PA	5′	S vergleichen mit einem Zufallspartner ihre Ergebnisse.	M1.A7, M3	
8	PA	15′	S sammeln Informationen zur Muskulatur und erstellen einen Lückentext.	M1.A8, Lexika, Internet	
9	GA	10′	S tauschen ihre Lückentexte in Zufallsgruppen aus und ergänzen die fehlenden Wörter.	M1.A9	

Erläuterungen zur Lernspirale

✓ **Merkposten**

zur Vorbereitung

▶ **Lexika**

Zum Nachschlagen und zur Informationssammlung für Arbeitsschritte 3 und 8 bereitstellen.

▶ **Lösung**

M2 für Arbeitsschritt 2 und M3 für Arbeitsschritt 7 kopieren und für weitere Verwendung laminieren.

Ziel der Doppelstunde ist es, dass die Schüler die Texte inhaltlich erfassen und dabei überzählige Wörter streichen oder fehlende Wörter ergänzen.

Zum Ablauf im Einzelnen:

1. Arbeitsschritt: Jeder Schüler liest den Text genau durch und streicht in jedem Satz ein Wort, das sinngemäß nicht hinein passt.

2. Arbeitsschritt: In Zufallsgruppen vergleichen die Schüler ihre Ergebnisse und lesen sich die korrigierten Texte gegenseitig vor. Beim lauten Vorlesen erkennen die Schüler eventuell falsche Streichungen und können sie dementsprechend korrigieren. Kontrollmöglichkeit durch M2.

3. Arbeitsschritt: Jeder Schüler besorgt sich für Arbeitschritt 4 weitere Informationen zum Skelett.

4. Arbeitsschritt: Mit Hilfe der Informationen schreiben die Schüler Sätze, in die sie jeweils ein zusätzliches Wort einfügen. Auf diese Weise üben sie die Formulierung grammatikalisch richtiger Sätze.

5. Arbeitsschritt: In Zufallsgruppen tauschen die Schüler ihre Texte aus. Auch dies dient der Formulierung grammatikalisch richtiger Sätze.

6. Arbeitsschritt: Jeder Schüler ergänzt den Lückentext. Leistungsschwächeren Schülern können hierfür passende Wörter als Hilfe angeboten werden (M3).

7. Arbeitsschritt: Mit einem Zufallspartner vergleichen die Schüler ihre Ergebnisse. Danach kann die Lösung (M3) zur Eigenkontrolle bereitgestellt werden.

8. Arbeitsschritt: Jeder Schüler sammelt Informationen zum Thema „Muskulatur" und erstellt mit ihrer Hilfe einen Lückentext. – Hierfür eignen sich Nachschlagewerke oder eine Recherche im Internet.

9. Arbeitsschritt: Die Schüler tauschen ihre Lückentexte in Zufallsgruppen aus und ergänzen die fehlenden Wörter. Alternativ können diese Lückentexte vervielfältigt und als Vorbereitung für eine Leistungskontrolle im Sachkundeunterricht verwendet werden.

Notizen:

7 Bilde sinnvolle Sätze

A1 Lies den Text genau durch.
Streiche in jedem Satz ein sinnloses Wort durch.

Das Skelett

Das Skelett eines ausgewachsenen Menschen ist besteht aus etwas mehr als 200 Knochen.
Dieses Knochengerüst gibt unserem Körper seine Form und auch schützt unsere Organe.
Das Skelett ist durch in drei Abschnitte unterteilt.
Das Kopfskelett, auch Schädel genannt, besteht aus dem 22 Knochen. Davon schützen die acht zusammengewachsenen Knochen Muskeln des Gehirnschädels das Gehirn.
Die Knochen des Gesichtsschädels helfen beim Kauen und Sprechen und schützen bedecken die Augen.
Das Rumpfskelett besteht auf aus dem Brustkorb und der Wirbelsäule.
Das Brustbein und die 12 Rippenpaare des Brustkorbs helfen umgeben schützend das Herz und die Lunge.
Die Wirbelsäule ist wie ein S geformt gemalt.
Die Wirbelsäule besteht aus zusammen der Hals-, Brust- und Lendenwirbelsäule und ist beweglich.
Das Kreuz- und das Steißbein am unteren Ende dagegen sind unbeweglich bewegt.
Zum diesem Gliedmaßenskelett gehören die oberen und die unteren Gliedmaßen.
Dabei zählen der Schultergürtel sowie die Arm- und Handknochen zu den oberen Gliedmaßen.
Der Becken Beckenknochen und die Bein- und Fußknochen bilden das untere Gliedmaßenskelett.
Das Skelett ist jedoch nicht kein starres Gerüst.
Viele Knochen sind durch mit unterschiedliche Gelenke miteinander verbunden. Diese ermöglichen dem Menschen, sie in verschiedene Richtungen zu sehen bewegen.

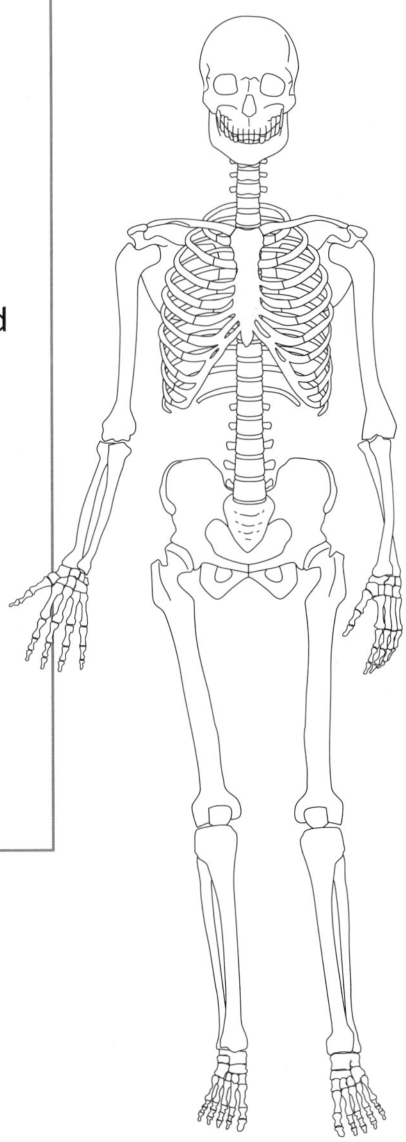

A2 Vergleiche deine Streichungen mit denjenigen eines Zufallspartners.
Lest euch die korrigierten Texte gegenseitig vor.

A3 Besorgt euch weitere Informationen über die Knochen des Skeletts.

A4 Erstellt mit Hilfe eurer Informationen einen Text, wobei ihr in jeden Satz ein Wort einfügt, das nicht dazu passt.

A5 Tauscht eure Texte in Zufallsgruppen aus, und verbessert sie.

A6 Vervollständige den vorliegenden Lückentext.

Die Gelenke

Ein ______________ verbindet zwei oder mehrere Knochen miteinander.

Die verschiedenen Gelenkformen unterscheiden ______________ darin, dass sich die Knochen in verschiedene Richtungen ______________ lassen.

So können die Schulter ______________ die Hüfte mit Hilfe des Kugelgelenks in drei verschiedene Richtungen bewegt werden.

Die Fingergelenke sind Scharniergelenke und lassen ______________ daher nur beugen und strecken. Ausnahme ______________ die Fingergrundgelenke.

Das Sattelgelenk an ______________ Daumenwurzel lässt sich dagegen in zwei Richtungen bewegen.

Weitere ______________ arten sind das Zapfengelenk, welches zwischen Elle und Speiche zu finden ist, und die Drehgelenke zwischen den Wirbelfortsätzen.

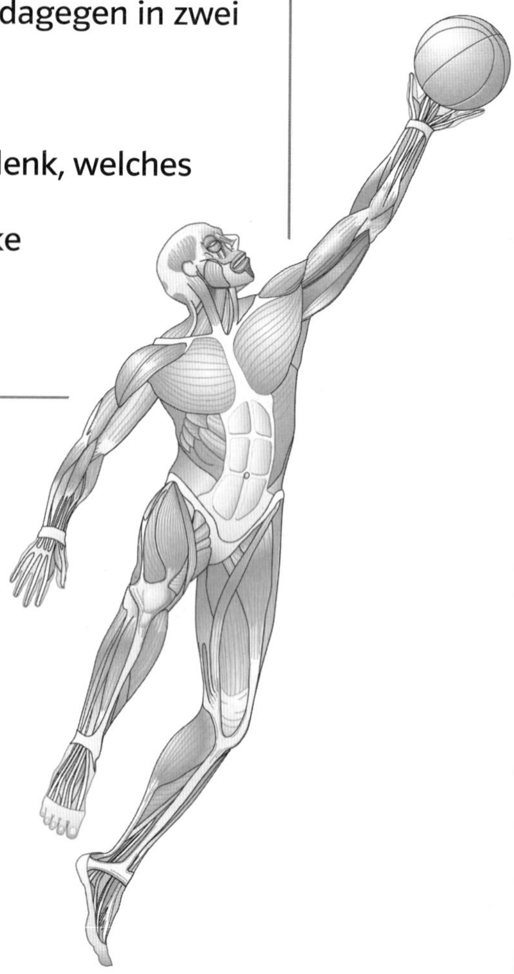

A7 Vergleiche deine Ergänzungen mit denjenigen eines Zufallspartners.

A8 Informiere dich über die Muskulatur des Körpers. Erstelle einen Lückentext.

A9 Tauscht eure Texte in Zufallsgruppen aus, und ergänzt die fehlenden Wörter.

Lösung zu Arbeitsschritt 1 auf dem Arbeitsblatt LS 07.M1

Das Skelett
Das Skelett eines ausgewachsenen Menschen ~~ist~~ besteht aus etwas mehr als 200 Knochen.
Dieses Knochengerüst gibt unserem Körper seine Form und ~~auch~~ schützt unsere Organe.
Das Skelett ist ~~durch~~ in drei Abschnitte unterteilt.
Das Kopfskelett, auch Schädel genannt, besteht aus ~~dem~~ 22 Knochen.
Davon schützen die acht zusammengewachsenen Knochen ~~Muskeln~~ des Gehirnschädels das Gehirn.
Die Knochen des Gesichtsschädels helfen beim Kauen und Sprechen und schützen ~~bedecken~~ die Augen.
Das Rumpfskelett besteht ~~auf~~ aus dem Brustkorb und der Wirbelsäule.
Das Brustbein und die 12 Rippenpaare des Brustkorbs ~~helfen~~ umgeben schützend das Herz und die Lunge.
Die Wirbelsäule ist wie ein S geformt ~~gemalt~~.
Die Wirbelsäule besteht aus ~~zusammen~~ der Hals-, Brust- und Lendenwirbelsäule und ist beweglich.
Das Kreuz- und das Steißbein am unteren Ende dagegen sind unbeweglich ~~bewegt~~.
Zum ~~diesem~~ Gliedmaßenskelett gehören die oberen und die unteren Gliedmaßen.
Dabei zählen der Schultergürtel sowie die Arm- und Handknochen ~~zählen~~ zu den oberen Gliedmaßen. Der ~~Becken~~ Beckenknochen und die Bein- und Fußknochen bilden das untere Gliedmaßenskelett.
Das Skelett ist jedoch ~~nicht~~ kein starres Gerüst.
Viele Knochen sind durch ~~mit~~ unterschiedliche Gelenke miteinander verbunden.
Diese ermöglichen dem Menschen, sie in verschiedene Richtungen zu ~~sehen~~ bewegen.

Lösung zu Arbeitsschritt 6 auf dem Arbeitsblatt LS 07.M1

LS 07.M3

Die Gelenke
Ein **Gelenk** verbindet zwei oder mehrere Knochen miteinander.
Die verschiedenen Gelenkformen unterscheiden **sich** darin, dass sich die Knochen in verschiedene Richtungen **bewegen** lassen.
So können die Schulter **und** die Hüfte mit Hilfe des Kugelgelenks in drei verschiedene Richtungen bewegt werden.
Die Fingergelenke sind Scharniergelenke und lassen **sich** daher nur beugen und strecken. Ausnahme **sind** die Fingergrundgelenke.
Das Sattelgelenk an **der** Daumenwurzel lässt sich dagegen in zwei Richtungen bewegen.
Weitere **Gelenkarten** sind das Zapfengelenk, welches zwischen Elle und Speiche zu finden ist, und die Drehgelenke zwischen den Wirbelfortsätzen.

Logicals ergänzen

		Zeit	Lernaktivitäten	Material	Kompetenzen
1	EA	15′	S lesen den Text aufmerksam durch, malen mit Hilfe der Informationen die Häuser in den richtigen Farben an und schreiben die Namen der Besitzer darunter.	M1.A1	– altersgemäße Texte sinnverstehend lesen – zentrale Aussagen eines Textes erfassen und wiedergeben – Textinformationen entnehmen – Lernergebnisse vergleichen – nach Anregung eigene Texte schreiben
2	PA	10′	S vergleichen ihre Ergebnisse mit einem Zufallspartner und schreiben die Antwort zu der gestellten Frage auf ihr Arbeitsblatt.	M1.A2	
3	GA	10′	S unterstreichen den Satz im Text, der ihnen keine Information lieferte und vergleichen und korrigieren in Zufallsgruppen ihre Ergebnisse.	M1.A3, M2, M1.A4	
4	EA	15′	S lesen den Text aufmerksam durch, malen mit Hilfe der Informationen die Häuser in den richtigen Farben an, schreiben die Namen der Besitzer darunter und beantworten die Frage.	M1.A5, M1.A6	
5	GA	10′	S vergeichen in Zufallsgruppen ihre Ergebnisse und korrigieren Fehler.	M3, M1.A7	
6	EA	20′	S entwerfen eigene Logicals und tauschen sie aus.	M1.A8	
7	EA	5′	S lesen den Text durch, ergänzen mit den erhaltenen Informationen und unterstreichen Sätze, die keine Informationen liefern.	M1.A9, M1.A10	
8	GA	5′	S vergleichen ihre Ergebnisse in Zufallsgruppen.	M1.A11, M4	

Erläuterungen zur Lernspirale

✓ Merkposten

zur Vorbereitung

▶ Lose

M2 bei Bedarf für Arbeitsschritte 1 und 3 kopieren.

▶ Lösungen

M3 für Arbeitsschritte 4 und 5 kopieren und für weitere Verwendung laminieren.

M4 für Arbeitsschritte 9 und 10 kopieren und für weitere Verwendung laminieren.

Ziel der Doppelstunde ist es, dass die Schüler den Text inhaltlich erfassen und mit den Informationen Bilder gestalten und Tabellen ausfüllen.

Zum Ablauf im Einzelnen:

1. Arbeitsschritt: Die Schüler lesen den Text aufmerksam durch, malen mit Hilfe der Informationen die Häuser in den richtigen Farben an und schreiben die Namen der Besitzer darunter. – Wichtig ist hier der Hinweis, dass die Sätze die Informationen nicht in der dargebotenen Reihenfolge liefern.

2. Arbeitsschritt: Mit einem Zufallspartner vergleichen die Schüler ihre Ergebnisse. Die Zuordnung der Partner kann hier durch Abzählen oder mit Hilfe der Loskärtchen LS 06.M2 erfolgen, die dafür in doppelter Ausfertigung kopiert werden müssen. Danach schreiben die Schüler die Antwort zu der gestellten Frage auf. Die Information hierfür entnehmen sie dem Text.

3. Arbeitsschritt: Jeder Schüler kennzeichnet den Satz, der zum Anmalen des genannten Hauses die entsprechende Information liefert, und vergleicht seine Ergebnisse. Die Gruppenbildung erfolgt bei Verwendung der Loskärtchen durch Zuordnung entsprechender Symbole. Vor der Weiterarbeit kann den Schülern die Lösung zur Eigenkontrolle auch als Kopie angeboten werden (M2); alternativ können die Ergebnisse mit entsprechender Lösungsfindung im Plenum erörtert werden. Die folgenden Arbeitsschritte können auch auf eine folgende Unterrichtsstunde verlegt werden.

4. Arbeitsschritt: Die Schüler lesen den Text aufmerksam durch, malen mit Hilfe der Informationen die Häuser in den richtigen Farben an und schreiben die Namen der Besitzer darunter. – Dieser Arbeitsschritt kann auch zur Leitsungskontrolle verwendet werden.

5. Arbeitsschritt: In Zufallsgruppen vergleichen und korrigieren die Schüler ihre Ergebnsise.

6. Arbeitsschritt: Die Schüler entwerfen eigene Logicals und tauschen sie untereinander aus.

7. Arbeitsschritt: Jeder Schüler ergänzt mit Hilfe der Informationen des Textes die vorgegebene Tabelle. Leistungsschwächeren Schülern können auch weitere Vorgaben aus der Lösungstabelle mit entsprechender Textangabe angeboten werden. Alternativ kann dieses Logical auch nur sehr leistungsstarken Schülern angeboten werden.

8. Arbeitsschritt: In Zufallsgruppen vergleichen die Schüler ihre Ergebnisse.

8 Logicals – wer blickt durch?

Das Logical ist eine besondere Art von Rätsel. Die Informationen in den Texten stehen nicht immer in einer logischen Reihenfolge.

A1 Lies den folgenden Text genau durch.
Male dann die Häuser und deren Schornsteine in den richtigen Farben an. Schreibe die Namen der Besitzer darunter.

Die Häuser sollen in den Farben Rot, Gelb und Grün gestrichen werden.

Das rote Haus gehört Familie Müller.

Das Haus der Familie Klein soll einen roten Schornstein bekommen. Es steht in der Mitte.

Das Haus von dir aus rechts daneben soll gelb gestrichen werden und einen blauen Schornstein erhalten.

Es gehört Familie Bauer.

Der Schornstein des roten Hauses soll braun werden.

A2 Kontrolliere deine Ergebnisse mit denjenigen eines Zufallspartners. Beantwortet folgende Frage.

In welcher Farbe soll das Haus der Familie Klein gestrichen werden? ____________

A3 Unterstreicht den Satz im Text, in dem ihr die Antwort gefunden habt. Malt dann das Haus in der richtigen Farbe an.

Wenn dir die Informationen in einem Satz nicht weiterhelfen, lies den nächsten Satz.

A4 Vergleicht eure Ergebnisse in einer Zufallsgruppe, und korrigiert Fehler.

A5 Lies nun den folgenden Text genau durch. Male mit Hilfe der Informationen die Häuser, deren Schornsteine und Wege in den richtigen Farben an.

Die Häusergruppen sind in den Farben gelb, rot und blau gestrichen.

Zur roten Häusergruppe führt ein brauner Weg.

Die Häusergruppe der Familie Schnell steht von dir aus auf der rechten Seite.

Sie hat blaue Schornsteine.

Ein Weg ist orange.

In der Alleenstraße stehen sechs Bäume.

Die Häuser der Familie Maier sind von den gelben Häusern am weitesten entfernt.

Die mittlere Häusergruppe ist blau mit gelben Schornsteinen.

Zu den Häusern der Familie Müller führt ein gelber Weg.

Die Schornsteine der roten Häuser sind schwarz.

A6 Unterstreiche den Satz, der keine Information zum Anmalen enthält.

A7 Tausche deine Aufzeichnungen mit einem Zufallspartner. Korrigiert eure Fehler.

A8 Entwirf selbstständig ein Logical. Tausche es mit einem Klassenkameraden aus.

Name des Kindes		Corinna	
Wohnort des Kindes			
Name des Pferdes			
Farbe des Pferdes			braun

A9 In dieser Tabelle fehlen zehn Informationen. Lies folgenden Text aufmerksam durch, und ergänze dann die fehlenden Angaben.

Corinna, Susanne und Katharina sind Freundinnen.

Die drei Mädchen wohnen in verschiedenen Städten, treffen sich jedoch jedes Jahr bei einem Reitturnier.

Dieses Jahr findet das Turnier in Stuttgart, Katharinas Wohnort, statt.

Corinnas Vater lädt ihr Pferd „Silberpfeil“ in den Hänger.

Es hat dieselbe Farbe wie Katharinas „Felix“.

Auf dem Weg nach Stuttgart machen sie in Hannover halt.

Dort wartet Susanne mit „Aurora“ auf sie.

Es dauert fast eine Stunde, bis das schwarze Pferd endlich verladen ist.

Gemeinsam fahren sie nun nach Stuttgart.

Dort werden sie freudig von Katharina begrüßt.

Katharinas und Susannes Pferde stammen aus Corinnas Wohnort Hamburg.

Dort haben sich die Mädchen kennengelernt.

A10 Unterstreiche die Sätze, die keine Informationen zum Ausfüllen der Tabelle enthalten.

A11 Vergleicht eure Aufzeichnungen in einer Zufallsgruppe, und ergänzt fehlende Informationen.

Lösungen zu den Arbeitsschritten 1 und 3

Haus:	rot	grün	gelb
Schornstein:	braun	rot	blau
Familie:	Müller	Klein	Bauer

In welcher Farbe soll das Haus der Familie Klein gestrichen werden? **grün**

LS 08.M3 Lösungen zu den Arbeitsschritten 4 und 5

	Maier	Müller	Schnell
Häuser:	rot	blau	gelb
Schornsteine:	schwarz	gelb	blau
Weg:	braun	gelb	orange

Satz, der keine Information zum Anmalen enthält:
In der Alleenstraße stehen sechs Bäume.

LS 08.M4 Lösungen zum Arbeitsschritt 7

Name des Kindes	Susanne	Corinna	Katharina
Wohnort des Kindes	Hannover	Hamburg	Stuttgart
Name des Pferdes	Aurora	Silberpfeil	Felix
Farbe des Pferdes	schwarz	braun	braun

Sätze, die keine Information zum Ausfüllen der Tabelle enthalten:

Corinna, Susanne und Katharina sind Freundinnen.

Gemeinsam fahren sie nun nach Stuttgart.

Dort werden sie freudig von Katharina begrüßt.

Dort haben sich die Mädchen kennengelernt.

Akustisches Zeichen: Mit Hilfe eines Glöckchens, eines Klangstabes oder irgendeines anderen akustischen Instruments wird den Schülern z. B. das Ende einer Arbeitsphase oder das Überschreiten eines bestimmten Lärmpegels signalisiert.

Arbeitsteilige Gruppenarbeit: Die Klasse wird in mehrere Gruppen mit unterschiedlichen Arbeitsaufträgen und/oder Materialien aufgeteilt. Das arbeitsteilige Vorgehen kann themengleich oder themendifferenziert angesetzt werden.

Blitzlicht (auch Blitz- oder Blitzlichtrunde): Die Schüler äußern sich in Kurzform zu einem bestimmten Thema/Reizwort/Problem. Sie äußern Assoziationen oder bringen Erfahrungen, Meinungen bzw. Vorwissen ein. Die Äußerungen sind knapp, spontan und werden nicht weiter kommentiert.

Brainstorming: Das Brainstorming ist mit dem Blitzlicht verwandt und meint die unzensierte und unkommentierte Sammlung von Ideen und/oder Problemlösungsvorschlägen. Der Gedanken- oder Ideensturm soll Schüler aktivieren und Kreativität freisetzen helfen.

Cluster/Clustering: Begriffe werden auf Kärtchen geschrieben und an der Pinnwand/Tafel so geordnet bzw. verknüpft, dass sich Begriffsgruppen ergeben (= Cluster).

Doppelkreis (auch Kugellager): Die Schüler sitzen oder stehen sich in einem Innen- und Außenkreis paarweise gegenüber und halten sich wechselseitig Vorträge, führen Interviews etc. Die Hälfte der Klasse ist also mündlich aktiv.

Einzelarbeit (EA): Die Schüler sind bei der Bearbeitung des jeweiligen Arbeitsauftrags auf sich alleine gestellt und gehen in Stillarbeit daran, bestimmte Aufgaben zu lösen.

Expertengruppe: Dieser Begriff ist doppeldeutig: Von einer Expertengruppe kann zum einen dann die Rede sein, wenn alle Gruppenmitglieder parallel am gleichen Thema arbeiten und diesbezüglich zu Experten werden (siehe auch Stammgruppe), eine Expertengruppe liegt aber auch dann vor, wenn die einzelnen Gruppenmitglieder Spezialisten für unterschiedliche Gebiete sind (siehe auch Mischgruppe).

Gardinenpredigt: Kurzvortrag, der mit Hilfe von fünf Stichworten gehalten wird. Diese werden jeweils auf einen der fünf Finger einer Hand geschrieben. Dann wird der Vortrag zu Hause vor der „Gardine", den Eltern, dem Lernpartner usw. eingeübt. Die Gardinenpredigt stellt eine geeignete Methode dar, um den Schülern das Einüben von Kurzvorträgen zu erleichtern.

Kartenabfrage: Schülerbefragung auf der Basis einer speziell aufbereiteten Notizkarte im DIN-A6- oder DIN-A5-Format (auch Zettelabfrage genannt).

Kooperative Präsentation: Zum Abschluss einer Gruppenarbeit präsentieren zwei oder mehr Schüler das jeweilige Gruppenergebnis. Die Präsentatoren können ausgelost werden. Die Präsentation muss so vorbereitet werden, dass die betreffenden Sprecher in etwa gleichgewichtig zu Wort kommen.

Kugellager: Die Schüler sitzen oder stehen sich im Doppelkreis (einem Innen- und Außenkreis) paarweise gegenüber und berichten/befragen sich wechselseitig. Ist die Gesprächssequenz um, rücken die Schüler im Innen- oder Außenkreis z. B. drei Personen im Uhrzeigersinn weiter und schon entstehen neue Gesprächspaare, die sich erneut gegenseitig berichten/befragen.

Partnerarbeit (PA): Die Schüler arbeiten paarweise zusammen und berichten, helfen und unterstützen sich gegenseitig.

Plenum (PL): Arbeitsphasen, in denen die Gesamtgruppe der Schüler angesprochen wird – durch Lehrervorträge, lehrergelenkte Unterrichtsgespräche oder Schülerpräsentationen.

Schneeballmethode: Gestuftes Brainstormingverfahren, bei dem zunächst in Einzelarbeit, dann in Tandems und schließlich in Gruppen unterschiedlich viele Ideen/Begriffe etc. eingegrenzt und ggf. auf Kärtchen geschrieben und im Plenum präsentiert werden. Die Schneeballmethode unterstützt Meinungsbildungs-, Entscheidungs- und Problemlösungsprozesse.

Stationenlauf/Stationengespräch: Im Klassenraum gibt es mehrere Arbeits- bzw. Gesprächsstationen, die von Gruppen zu durchlaufen sind. Der Wechsel der Stationen kann nach einer bestimmten Zeit erfolgen, sofern der zeitliche Aufwand an jeder Station in etwa gleich groß ist. Der Stationenwechsel kann den Gruppen aber auch freigestellt werden – vorausgesetzt, es gibt genügend freie Stationen, die als „Puffer" dienen können. Die Gruppen erhalten einen Laufzettel, in den sie die absolvierten Stationen eintragen. Lösungsblätter oder Hilfekärtchen können auf dem Lehrertisch ausliegen.

Weitere Begrifflichkeiten werden im Internet unter www.klippert-medien.de/glossar erklärt.

Zufallsgruppe/Zufallstandem: Gruppen- bzw. Tandembildung mittels Abzählen, Spielkarten, Puzzlebildung, Namenskärtchen oder anderen Formen des Losverfahrens.

Klippert Medien

Materialien für den Unterricht:

Machen Sie Ihren Unterricht zum Kompetenztraining

Klasse 1/2

Freies Erzählen | Präsentieren von Inhalten
Kopiervorlagen
72 S., DIN A4
Best.-Nr. 09184

Klasse 3/4

Geschichten planen | Sprechen und Gespräche führen
Kopiervorlagen
80 S., DIN A4
Best.-Nr. 09180

Klasse 3/4

Lesestrategien - Der Satz und seine Wörter
Kopiervorlagen
80 S., DIN A4
Best.-Nr. 09220

Das vollständige Programm find
Sie unter **www.klippert-medien**

Ja, ich bestelle:

- ☐ Freies Erzählen | Präsentieren von Inhalten
  Best.-Nr. 09184 - Kopiervorlagen
- ☐ Geschichten planen | Sprechen und Gespräche führen
  Best.-Nr. 09180 - Kopiervorlagen
- ☐ Lesestrategien - Der Satz und seine Wörter
  Best.-Nr. 09220 - Kopiervorlagen

Für Porto und Verpackung berechnen wir pauschal € 3,00
Ab einem Rechnungsbetrag von € 60,- liefern wir versandkostenfrei.

Telefax: 0906/73-178, Telefon: 0906/73-243
www.klippert-medien.de; **info@klippert-medien.de**
Klippert-Medien, Heilig-Kreuz-Str.16, 86609 Donauwörth

Name, Vorname

Kundennummer (falls bekannt)

Straße, Hausnummer

Postleitzahl, Ort

E-Mail-Adresse*

*Die Bestelldaten werden für eigene Zwecke unter Beachtung der einschlägigen Datenschutzgesetze gespeichert. Mit der Abgabe der E-Mail-Adresse erteilen Sie die jederzeit widerrufliche Zustimmung zum Erhalt von Informationen per E-Mail. Ihre Bestellung unterliegt unseren AGBs (www.auer-verlag.de/agb). Sie können Ihre Bestellung innerhalb von 14 Tagen ohne Angabe von Gründen widerrufen.